DAWN OF THE SENSES

Selected Poems of **ALBERTO BLANCO**

Edited by Juvenal Acosta

Pocket Poets Series No. **52**

City Lights Books
San Francisco

Cover design by Rex Ray
Book design by Elaine Katzenberger
Typography by Harvest Graphics

This book was made possible by a grant from the U.S./Mexico
Fund for Culture and the institutions which support it—the
Rockefeller Foundation, Fundación Cultural Bancomer, and
Fondo Nacional para la Cultura y las Artes.

Library of Congress Cataloging-in-Publication Data

Blanco, Alberto, 1951-
    Dawn of the senses: selected poems of Alberto Blanco/
edited by Juvenal Acosta; [with an introduction by José
Emilio Pacheco].
        p.   cm. — (Pocket poets series; no. 52)
    ISBN 0-87286-309-3 (pbk.)
    1. Blanco, Alberto, 1951- —Translations into English.
I. Title. II. Series.
PQ7298.12.L27A23 1995
861—dc20   95-31611
                                                          CIP

CITY LIGHTS BOOKS are published at the City Lights
Bookstore, 261 Columbus Avenue, San Francisco, CA 94133.

ACKNOWLEDGMENTS

Some of the poems included in this collection were originally published in the following Mexican editions:

Giros de faros, Colección Letras Mexicanas, Fondo de Cultura Económica, México, 1979.
Tras el rayo, Cuarto Menguante, Guadalajara, 1985.
Cromos, Colección Tezontle, Fondo de Cultura Económica/SEP/INBA, México, 1987.
Canto a la sombra de los animales,(in collaboration with Francisco Toledo) Galería López Quiroga, México, 1988.
El libro de los pájaros, Ediciones Toledo, México, 1992.
Materia prima, Universidad Autónoma de México, México, 1992.
Amanecer de los sentidos, Lecturas Mexicanas, Third Series, No. 79, Consejo Nacional para la Cultura y las Artes, México, 1993.
Mapas de Oaxaca, Colección del Archivo General de la Nación, Museo de Arte Contemporáneo de Oaxaca, 1993.

Translations by Edith Grossman first appeared in the *Review of Latin American Arts and Literature,* 1993.
Translations by Reginald Gibbons were published in *New Writing of México,* edited by Reginald Gibbons, Triquarterly Books, Northwestern University Press, Chicago, 1993.

ACKNOWLEDGMENTS

CONTENTS

Preface   ix
Introduction *by José Emilio Pacheco*   xiii

MY TRIBE   3
POOR MEMORY   7
POEM SEEN IN A MOTEL FAN   15
MAPS   19
LOVE OF PALENQUE   35
LOVE OF CHICHÉN-ITZÁ   37
LOVE OF TULUM   39
LOVE OF AKUMAL   41
THE SET TABLE   43
NO MORE NAMES   45
THE SALT OF THE EARTH   47
A SKEPTICAL NOAH   49
PAPER ROADS   55
COLLAR BONES   57
THE OTHER SIDE OF LIGHTNING   61
A BATTLE OF ROMANS   63
TRIPTYCH AFTER THE FLOOD   67
APHORISMS   73
THE ROOM OF THREE CENTURIES   77
WHY SO MANY FORMS?   81
FIRST STAR   83
THE NAKED TRUTH   85
IN THE COUNTRY OF BETTER KNOWLEDGE   89
WHILE THERE IS SPACE THERE IS TIME   93

IMMERSED FLAME 99
TO ENTER INTO MATTER 101
THE COW PAINTS THE DAWN 103
MEXICAN ECLIPSE 107
THE PARAKEETS 111
THE SWALLOW 113
NEW FIRE 115
HORSE BY MOONLIGHT 127
LIFE IN THE DIAMOND 129
NOTHING HAPPENS 145
LILITH 147
NOSTALGIA 149
EYE OF THE HURRICANE 151
AFTER DARKNESS 155
NOVEMBER IN THE STAIRWELL 163
MUSIC IN THE AGE OF IRON 167
PLANT 171
RIVER OF IMAGES 173
VANISHING POINT 177
GOOD WISHES 183
A DAY OF RAIN 185
THE POET DOES AND DOESN'T HAVE 187
SETTLING ACCOUNTS 189
THEORY OF RELATIVITY 191
THEORY OF GRAVITY 193
THE BROKEN-DOWN BUS 197
MOON OF THE SECOND BIRTH 203
STONE PSALM 209

TRANSLATORS

Jennifer Clement
Reginald Gibbons
Edith Grossman
Robert L. Jones
W. S. Merwin
James Nolan
Julian Palley
Joseph Pitkin
Joanne Saltz
Mark Schafer
John Oliver Simon
Eliot Weinberger

PREFACIO

Este es un libro hecho de puntos cardinales en un mapa que ha venido siendo trazado desde tiempos lejanos y cuya conclusión no parece estar cercana.

En este mapa, posible gracias a los privilegios que otorgan los sentidos y a la sabiduría que dan la persistencia y la humildad, hay coordenadas precisas que han sido dibujadas con mano experta.

Los miembros de la tribu encontrarán, en esta Alba de los Sentidos, valiosas confirmaciones de su propia intuición y de su experiencia humana sobre esta Tierra.

Poesía no de Fin de Siglo, sino de principios, de señales en la ruta hacia la armonía y el equilibrio necesario en el milenio que se acerca.

Este amanecer de los sentidos es oportuno. Tenemos que aprender a ver el mundo con ojos nuevamente inocentes, olerlo con olfato abierto, tocarlo con tacto delicado y respetuoso, degustarlo con paciencia y escucharlo de la mañana a la noche con atención renovada.

Debo mi gratitud a Lawrence Ferlinghetti y a Nancy Peters, cuya sofisticación e interés por las literaturas del resto del mundo han hecho posible este volumen. A Marcela S. de Madariaga, al Fideicomiso Para La Cultura México/USA y a las instituciones que lo patrocinan: Fundación Rockefeller, Fundación Cultural Bancomer y Fondo Nacional para la Cultura y las Artes, por su compromiso desinteresado con el trabajo de los

PREFACE

This book is composed of cardinal points on a map which has been in the process of creation since ancient times and will not, it seems, be finished any time soon.

On this map, thanks to the prerogatives of the senses and a wisdom born of perseverance and humility, precise coordinates have been plotted by an expert hand.

Members of the tribe will find in this Dawn of the Senses invaluable confirmations of their own intuition and human experience on Earth.

Poetry not of the *fin de siècle* but of beginnings, signposts along our way to the harmony and equilibrium requisite to the coming millennium.

This dawn of the senses is timely. We must learn to see the world with newly naïve eyes. Breathe it with an open sense of smell; touch it respectfully; taste it patiently; listen to it from morning to night with fresh attentiveness.

I owe gratitude to Lawrence Ferlinghetti and Nancy Peters, whose sophistication and interest in the literatures of the world has made this volume possible. My thanks to Marcela S. de Madariaga of the Mexico/U.S. Fund for Culture and the institutions which support it—the Rockefeller Foundation, Fundación Cultural Bancomer and Fondo Nacional para la Cultura y las Artes—for their active commitment to the work of

creadores artísticos de México y de los Estados Unidos. Gracias a Beatriz Nava (nos vemos en Gabi's) y a Elaine Katzenberger por su apoyo profesional y generoso.

Mi eterno agradecimiento al Hermano Mayor, el gran poeta mexicano José Emilio Pacheco y a los doce traductores que han prestado su talento y su tiempo a la realización de este proyecto.

Y gracias sobre todo a Alberto Blanco, cuya visión del mundo nos ayuda a entrar a este nuevo ciclo con más sabiduría y esperanza.

Juvenal Acosta
Berkeley, California

the artistic creators of Mexico and the United States. Thanks to Beatriz Nava (see you at Gabi's) and Elaine Katzenberger for their generous professional help.

My eternal Thanks to our Older Brother, the great Mexican poet José Emilio Pacheco, and the twelve translators who have kindly dedicated their time and interest to the realization of this project.

And gratitude above all, to Alberto Blanco, whose vision of the world helps us enter this new cycle with greater wisdom and hope.

Juvenal Acosta
Berkeley, California

REBECCA BAUER & E. BELL

INTRODUCCIÓN

ALBERTO BLANCO EN EL ALBA DE LOS SENTIDOS

Del lado mexicano el río no es Grande ni Bravo. Sin embargo, equivale a un océano, simboliza una distancia que no se acortará jamás. Todo nos separa. Las únicas relaciones posibles se dirían la envidia y el desprecio, el resentimiento y el temor. Fracasó la promesa de los medios masivos: unificar al planeta en torno de unas cuantas creencias compartidas. Ahora todos somos enemigos de todos y al mismo tiempo que levanto tu cadalso socavo sin darme cuenta la tierra que me sostiene. El progreso fue un fraude: en vísperas del año 2000 el mundo es un lugar mucho más siniestro, injusto y brutal de lo que era en 1900.

Sí, todo nos separa. Y sin embargo en estas condiciones se vuelve sorprendente que la poesía nos una. Quien investigue la relación literaria entre los Estados Unidos y México se asombrará al encontrar cómo desde los tiempos de Longfellow ha habido vínculos que no cesan de crecer. *Influencia* es una palabra autoritaria, vertical. Señala un arriba y un abajo: el fuerte ejerce su influencia, el débil se deja influir. Sabemos que no es así: en poesía sólo puede hablarse de intercambios. Alguien encuentra en otra lengua lo que necesitaba para hablar en su idioma. Al hacerlo le añade algo que no hubiese existido de otra manera.

Después de su antología de la nueva poesía mexicana Juvenal Acosta ha hecho en *Dawn of the Senses* un

INTRODUCTION

ALBERTO BLANCO IN THE DAWN OF THE SENSES

From the Mexican side the river is neither Grande nor Bravo. Nonetheless it equals an ocean, symbolizing a distance that will never be diminished. Everything separates us. The only possible relations would seem to be those of envy and disdain, resentment and fear. The mass media has failed to fulfill the promise to unify the planet around a few shared beliefs. We are all each other's enemies; in constructing your gallows, I wear away the ground beneath my feet without noticing. Progress is deceiving: on the eve of the year 2000 the world is a much more sinister, unjust and brutal place than it was in 1900.

Yes, everything separates us. And yet in these conditions, surprisingly, poetry unites us. Anyone who looks into the literary relations between the United States and Mexico will be astonished to find that there have been ever increasing ties since Longfellow's day. *Influence* is an authoritarian, hierarchical word. It implies a top and a bottom: the strong exerts its influence, the weak is influenced. That's not the way it works in poetry where we can speak only of interchanges. Someone discovers in another tongue what was missing in his or her own language. In the saying something new is created.

Following his anthology of new Mexican poetry (*Light From A Nearby Window*, City Lights Books: 1994),

libro único en donde los poemas de Alberto Blanco dialogan con las excelentes traducciones al inglés para formar un poema a varias voces y en dos idiomas. En este sentido *Dawn of the Senses* demuestra que la poesía no tiene fronteras o, mejor dicho, que su misión es abolir las fronteras y hablar en todas las lenguas.

George Orwell dijo que la poesía era la menos exportable de todas las artes, un asunto de familia sólo accesible a unos cuantos hablantes nativos. Puede ser cierto, pero no lo es menos el hecho de que la mayor parte de la poesía que leemos, empezando por la Biblia, está hecha de traducciones. Sin ellas viviríamos aislados como en un acuario y el ámbito de nuestro propio idioma se volvería irrespirable.

No es casual que Alberto Blanco reciba este honor que antes, entre los poetas de su país, sólo ha tenido Octavio Paz. Blanco nació en 1951 y ha hecho en menos de veinte años y antes de cumplir los cincuenta una de las obras más vastas, originales y diversas de la nueva poesía en lengua española.

Hijo de México, Distrito Federal, lugar siniestro y apasionante que compite con Los Angeles por el dudoso honor de ser la última ciudad o la primera post-ciudad, Blanco eligió desde muy joven ser un hombre de fronteras, pero no en el sentido de puertas cerradas o muros de metal sino de vasos comunicantes.

El es una persona para quien, como decía Henry James, nada se pierde: todo desemboca en sus palabras, se vuelve un afluente para el caudal de su poesía. Sus estu-

Juvenal Acosta has produced with *Dawn of the Senses* a unique volume in which the poems of Alberto Blanco converse with their own excellent translations to become one poem in two languages and several voices. *Dawn of the Senses* shows us that not only is poetry without borders, but that its mission is to abolish them and speak in all tongues.

George Orwell said that poetry is the least exportable of the arts; a family affair accesible only to a few native speakers. Although this may be so, it is also true that the majority of poetry we read, beginning with the Bible is in translation. Without translations we would live within the bounds of a sealed fishbowl, and the atmosphere of our own language would soon become unbreathable.

It is not by chance that Alberto Blanco has received an honor that, of all poets in Mexico, has only been awarded before to Octavio Paz. Blanco was born in 1951 and has achieved in less than two decades, while still under fifty years of age, one of the most extensive, original and diversified bodies of new poetry written in Spanish.

A son of Mexico City—that thrilling and sinister place locale that battles with Los Angeles for the dubious honor of being the last City or the first post-City—Blanco decided very early in life to be a man of borders—not borders made of closed doors or metal walls but rather of communicating membranes.

He is someone on whom, as Henry James said, nothing is lost: everything streams into his words, so many tributaries feed into the flow of his poetry. His

dios de química, su actividad de artista plástico y músico de jazz, su conocimiento de la literatura china y el budismo zen le dan a sus poemas un tono y una perspectiva que nunca antes se vieron juntos en otro poeta mexicano.

Pero nada de esto, ni su actividad de antólogo y traductor de la poesía norteamericana o de animador de un taller de poesía en la Universidad de Texas en El Paso importaría tanto si Blanco no fuera dueño de una voz y una mirada. Una voz que nos habla del mundo compartido de una manera en que nadie lo había contemplado.

La poesía es la forma de comunicación más íntima que pueden establecer dos seres humanos. En el silencio y en la soledad leo un poema que no fue, por supuesto, escrito para mí y no obstante me habla de lo que anhelaba decir con las palabras que no supe encontrar. Hago mías esas palabras ajenas al darles mi voz interior que nadie podrá escuchar nunca. "Somos la música mientras dura la música" escribió Eliot. Lo mejor es olvidarnos de los prólogos y de toda la palabrería insensata que rodea el momento del encuentro, el "momento de la verdad," y *ser* en el instante de la lectura los poemas de Alberto Blanco, mientras revive el mundo en el alba de los sentidos.

José Emilio Pacheco
Ciudad de México, 1995

knowledge of chemistry, his work as a visual artist and jazz musician, his grounding in Chinese literature and Zen Buddhism—all of these combine to give his poems a tone and perspective unlike any other Mexican poet.

But none of this would be as important as it is—not even his activity as an anthologist and translator of North American poets, or his poetry workshop taught in Spanish at the University of Texas at El Paso—if Blanco were not possessed of voice and vision. It is a voice that speaks to us of a world as shared in ways no one has thought of before.

Poetry is the most intimate form of communication two human beings can establish. Silently, alone, I read a poem that was not written for me, and yet it says what I have been longing to say, finds words that I could not. Another's words become my own when I lend them my inner voice, the one nobody else can ever hear. "You are the music while the music lasts," wrote T.S. Eliot. Best now to turn from these introductory notes and idle chat toward the moment of encounter, the "moment of truth," and be Alberto Blanco's poems in the instant we read them, as the world comes to life again in the dawn of the senses.

José Emilio Pacheco
Mexico City, 1995

REBECCA BAUER & E. BELL

ESTE ES PARA TI

THIS ONE IS FOR YOU

DAWN OF THE SENSES

MI TRIBU

La tierra es la misma
        el cielo es otro.
El cielo es el mismo
        la tierra es otra.

De lago en lago,
de bosque en bosque:
¿cuál es mi tribu?
—me pregunto—
¿cuál es mi lugar?

Tal vez pertenezco a la tribu
de los que no tienen tribu;
o a la tribu de las ovejas negras;
o a una tribu cuyos ancestros
        vienen del futuro:
una tribu que está por llegar.

Pero si he de pertenecer a alguna tribu
—me digo—
que sea a una tribu grande,
que sea una tribu fuerte,
una tribu donde nadie
quede fuera de la tribu,
donde todos,

MY TRIBE

Earth is the same
     sky another.
Sky is the same
     earth another.

From lake to lake,
forest to forest:
which tribe is mine?
—I ask myself—
where's my place?

Perhaps I belong to the tribe
of those who have none;
or to the black sheep tribe;
or to a tribe whose ancestors
     come from the future:
a tribe on the horizon.

But if I have to belong to some tribe
—I tell myself—
make it a large tribe,
make it a strong tribe,
one in which nobody
is left out,
in which everybody,

todo y siempre
tengan su santo lugar.

No hablo de una tribu humana.
No hablo de una tribu planetaria.
No hablo siquiera de una tribu universal.

Hablo de una tribu de la que no se puede hablar.

Una tribu que ha existido siempre
pero cuya existencia está todavía por ser comprobada.

Una tribu que no ha existido nunca
pero cuya existencia
podemos ahora mismo comprobar.

for once and for all
has a God-given place.

I'm not talking about a human tribe.
I'm not talking about a planetary tribe.
I'm not even talking about a universal one.

I'm talking about a tribe you can't talk about.

A tribe that's always been
but whose existence must yet be proven.

A tribe that's never been
but whose existence
we can prove right now.

JAMES NOLAN

MALA MEMORIA

La historia es una ciencia
que se funda en la mala memoria
—Miroslav Holub

Cuando llegaron las primeras lluvias
  hicimos lo necesario:
  bajamos de nuestros altos pensamientos
  y comenzamos a labrar los campos;
  las manos eran nuestras palas
  los pies eran nuestros pies
  y regamos la semilla
  con nuestras lágrimas

Luego vinieron los sacerdotes
  envueltos en grandes plumas amarillas
  y palabras más brillantes que el mar;
  hablaron con imágenes
  y también para ellos
  hicimos lo que era necesario:

Construimos una carretera larga
  muy larga
  una carretera larguísima
  que va desde la casa de los muertos
  hasta la casa de los que van a morir

POOR MEMORY

History is a science
based on poor memory
—Miroslav Holub

When the first rains fell
    we did what was necessary:
    we climbed down from our lofty thoughts
    and began to work the fields;
    our hands served as shovels
    our feet served as feet
    and we watered the seeds
    with our tears

Then came the priests
    wrapped in great yellow feathers
    and words more dazzling than the sea;
    they spoke in images
    and we did what was necessary
    for them as well:

We built a long highway
    very long
    a very, very long highway
    leading from the house of the dead
    to the house of those who are going to die

Entonces aparecieron las nubes
sobre el río redondo
y escuchamos voces
que hacían trizas nuestras vocales;
comprendimos que el final estaba cerca

Hicimos lo necesario:
extendimos nuestras pocas pertenencias
y fingimos que ya lo sabíamos todo;
aprendimos a llorar
como las mujeres y los niños
y los niños y las mujeres
aprendieron a mentir como los hombres

Tres grandes agujeros se abrieron en el cielo:
por el primero descendió la luna
por el segundo ascendió la serpiente
y por el tercero bajó una estrella de hojalata;
cuando tocó la tierra
supimos que el tiempo era cumplido

Hicimos lo necesario:
desgarramos el velo
y batimos el tambor
hasta que el vacío
se instaló en nuestros corazones;
un rostro desconocido apareció

Then the clouds appeared
   over the round river
   and we heard voices
   that smashed our vowels to pieces;
   we knew the end was near

We did what was necessary:
   we spread out our few belongings
   and pretended we knew it all;
   we learned to cry
   like women and children
   and the children and women
   learned to lie like men

Three large holes opened in the sky:
   the moon dropped through the first
   the serpent rose through the second
   and a tin star descended through the third;
   when it touched ground
   we knew the time was at hand

We did what was necessary:
   we rent our veils
   and beat on our drums
   until the void
   lodged in our hearts;
   a unfamiliar face appeared

en los intersticios de la tela
y cuando sus labios se movieron
un nuevo espacio surgió frente a nosotros

Hicimos lo necesario:
tomamos las montañas
y las pusimos bocabajo
para que pudieran recuperar el aliento;
tomamos los rios
y los pusimos de pie
para que volvieran a ver el cielo;
luego tomamos nuestros cuerpos
por la punta de las alas
y los fuimos a lavar en el espejo de los nombres

Fue entonces cuando nos dieron la orden de despertar
e hicimos lo necesario:
atrás quedaron los campos
y las campanas manchadas
por el canto de un pájaro del otro mundo;
atrás quedaron también los mapas
preparados para la huida
y no nos quedó más remedio
que seguir adelante sin mapas
que es lo mismo
que quedarse

through the rifts of the fabric
and when its lips moved
an unfamiliar space materialized before us

We did what was necessary:
    we took the mountains
    and turned them upside down
    so they could catch their breath;
    we took the rivers
    and stood them up
    so they could see the sky again;
    then holding our bodies
    by the tips of our wings
    we washed them in the mirror of names

That's when they commanded us to wake up
    and we did what was necessary:
    we left the fields behind
    and the bells stained
    by the song of a bird from another world;
    we also left behind the maps
    prepared for our flight
    and there was nothing for us to do
    but go on without maps
    which is the same
    as staying put

Vimos venir desde el fondo de la tierra
  un sordo rumor
  un torbellino de nada
  con un viento recién nacido
  entre las manos:
  la criatura nos dijo
  lo que siempre hemos querido saber
  y siempre olvidamos:
  que no hay más sueño que éste
  y que despertar es otro sueño
  más profundo
  si despertamos para adentro
  o más superficial
  si despertamos para afuera

Como no supimos cuál era cuál
  hicimos lo necesario:
  nos sentamos a esperar
  el derrumbe

Y seguimos esperando . . .

Como si esperar
  no fuera suficiente trabajo

We watched as from the depths of the earth
   a low murmur approached
   a whirlwind of nothing
   a newborn gust
   in its hands:
   the creature told us
   what we have always wanted to know
   and always forget:
   that this is the only dream
   and that awakening is another dream
   deeper
   if we wake inward
   or more superficial
   if we wake outward

Since we couldn't tell which was which
   we did what was necessary:
   we sat down to wait
   for the collapse

And we are still waiting . . .

As if waiting
   weren't hard enough

MARK SCHAFER

POEMA VISTO EN EL VENTILADOR DE UN MOTEL

Hace un calor endemoniado.
Enciendo el ventilador
y empiezan a girar las aspas lentamente.
Pronto se desplaza un suave viento
y las cortinas comienzan a bailar.

El centro del ventilador
es un espejo convexo,
un ojo de pescado,
un casco de oro.
Allí vibran los reflejos
con el ronroneo de la máquina,
pero no se mueven de su sitio.

Aumento la velocidad y las aspas giran
hasta volverse casi invisibles
—sólo una gasa blanquecina—
pero los reflejos en el centro
siguen siendo los mismos.

Así ha de ser con todo—me digo—
las superficies se mueven a gran velocidad
pero las formas que reflejan no.

POEM SEEN IN A MOTEL FAN

It's devilishly hot.
I turn on the fan
and the blades start to revolve slowly.
At once a soft wind springs up
and the curtains begin to dance.

The center of the fan
is a convex mirror,
a fish-eye,
a golden dome.
The reflections vibrate there
with the purring of the machine,
but do not move from their place.

I turn up the speed and the blades spin
almost turning invisible
— only a whitish gauze —
but the reflections in the center
continue the same.

So it must be with everything — I tell myself —
the surfaces move at high speed
but not the reflected forms.

Pasan los individuos de una especie,
pero la especie sigue siendo la misma.

Pasan los hombres de un pueblo,
pero el pueblo permanece.

Pasan todos los poetas,
pero queda la poesía.

Pasan nuestros pensamientos,
pero algo, o alguien,
está observando.
Sigue observando.

The individuals of a species pass,
but the species continues the same.

The men and women of a nation pass,
but the nation goes on.

All the poets pass,
but poetry remains.

Our thoughts pass,
but something, or someone
is observing.
Keeps on observing.

JOHN OLIVER SIMON

MAPAS

I

Comencemos por el principio:
la Tierra no es la Tierra.
El mapa no es el territorio.
El territorio no es el mapa.

Un mapa es una imagen.
Un mapa es un modo de hablar.
Un mapa es un conjunto de recuerdos.
Un mapa es una representación proporcional.

Los cuatro vientos, los cuatro ríos, las cuatro puertas,
los cuatro pilares de la tierra de los que hablan los mitos
no son más que las cuatro esquinas de un mapa.

Todo mapa es una imagen, un cuadro, una metáfora,
una descripción . . . pero no toda descripción, metáfora,
imagen o, para el caso, todo cuadro es — por
necesidad — un mapa. Pero puede llegar a serlo.

MAPS

I

Let's start at the beginning:
The Earth is not the Earth.
The map is not the territory.
The territory is not the map.

A map is an image.
A map is a manner of speaking.
A map is an assemblage of memories.
A map is a proportional representation.

The four winds, the four rivers, the four gateways,
the four pillars of the earth of which the myths speak
are nothing but the four corners of a map.

Every map is an image, a painting, a metaphor,
a description . . . but every description, metaphor,
image, or painting is not — necessarily — a map.
Although it could become one.

II

Un mapa no es más que —como lo dijo el pintor
Nabi Maurice Denis de todos los cuadros— un arreglo
de formas y colores sobre una superficie bidimensional.

Si todo el territorio fuera homogéneo, sólo se acotaría
en un mapa el perfil de los límites del territorio.

No crecen árboles en un mapa.

Un mapa del mundo real no es menos imaginario
que un mapa de un mundo imaginario.

II

A map is merely—as the *Nabi* painter Maurice
Denis said of all paintings—an arrangement of shapes
and colors on a two-dimensional surface.

If a territory were homogeneous, a map would simply
show a profile depicting the boundaries of the territory.

Trees do not grow on a map.

A map of the real world is no less imaginary
than a map of an imaginary world.

III

Un mapa no es más que una representación bidimensional de un mundo tridimensional que recorre un fantasma: el tiempo.

Si hemos podido mapear un mundo de tres dimensiones en dos, ha de ser posible mapear un mundo de cuatro en tres.

Con un mapa holográfico se podría mapear *el tiempo*.

Así como la Tierra no deja de cambiar con el tiempo, la historia de los mapas no deja de cambiar con la historia. Nuestra idea del espacio cambia conforme cambia nuestra idea del tiempo.

III

A map is nothing but a two-dimensional
representation of a three-dimensional world, traversed
by a ghost: time.

If we can map a world of three dimensions using two,
it should be possible to map a world of four
with three.

A holographic map should be able to map *time* itself.

Just as the Earth never ceases to change with time, so
the history of maps never ceases to change with
history. Our idea of space changes along with
our idea of time.

IV

Todo mapa comienza con un viaje.
Pero, ¿todo viaje comienza con un mapa?

El mapa es al viaje lo que el mito es al lenguaje.

Los mapas primeramente fueron relatos de viajes;
después fueron paisajes al ras del horizonte:
narraciones visuales, finalmente vistas a vuelo de pájaro:
poemas geográficos.

Un mapa es una manifestación artística del miedo a lo
desconocido.

IV

Every map begins with a journey.
But does every journey begin with a map?

Maps are to journeys what myths are to language.

Initially, maps were accounts of travels; later,
they were landscapes seen from ground level:
visual narratives, finally, seen from a bird's eye view:
geographic poems.

A map is an artistic manifestation of the fear of the
unknown.

V

Ver la tierra desde arriba: arrogancia de un dios
impostado.

Al principio los mapas de la tierra siempre fueron
acompañados por los mapas del cielo.
Después los mapas se quedaron sin cielo.
De seguir las cosas como van, muy pronto los mapas
se quedarán sin tierra.

La verdad que se puede decir no es la verdad.
Las palabras no son las cosas que designan.
Los mapas de la tierra no son la tierra.
Las cartas estelares no son el cielo.

Un punto es un pueblo.
Una línea es una carretera.
Una superficie coloreada es un país.
Un volumen debe ser un mapa de la Historia.

V

To look at the earth from above: arrogance of a
self-imposed god.

Originally, maps of the Earth were always
accompanied by maps of the Heavens.
Then maps were drawn without Heavens.
The way things are going, soon
maps will be drawn without Earth.

The truth that can be spoken is not the truth.
Words are not the things they designate.
Maps of the earth are not the earth.
Star charts are not the heavens.

A dot is a town.
A line is a highway.
A colored shape is a country.
A volume must be a map of History.

VI

Mapas exteriores: Geografía.
Mapas interiores: Psicografía.
Las puertas son los sentidos.
Los límites son el cuerpo.

La moral que se deduce de los mapas tiene que ver con
una idea de dominio—o en el mejor de los casos—con
una idea de conservación.

Un mapa a la medida de la ambición de un hombre.
La ambición de un hombre a la medida de un sistema
de referencias.

Todos los puntos de referencia en un mapa ven hacia
afuera.

VI

External maps: Geography.
Internal maps: Psychography.
Our senses are the doorways.
The borders are our body.

The moral to be drawn from maps relates to
an idea of domination or — in the best of cases—to an
idea of conservation.

A map tailored to a man's ambition.
A man's ambition tailored to fit a system
of references.

All points of reference on a map refer
outward.

VII

Los mapas son retratos ideales de nuestra madre.

Los mapas nos miran de frente cuando dan cuenta de
las superficies.
Cuando quieren dar cuenta de las profundidades,
nos miran de lado.

En la infancia de la cartografía no era posible — y, tal vez,
ni siquiera deseable — deslindar los territorios de la
vigilia de los paisajes de los sueños.

¿Qué son los colores en un mapa sino un sueño?
El recuerdo anestesiado de nuestra infancia.
Las ventanas abiertas en el gabinete del cartógrafo.
Una fuente de la más pura y sencilla dicha.

VII

Maps are idealized portraits of our mother.

Maps look us in the face when they
tell of surfaces.
When they wish to tell of depths,
they look at us sideways.

In the infancy of cartography it was impossible — and
perhaps even undesirable — to delimit the territories of
wakefulness from the landscapes of dreams.

What are the colors of a map but a dream?
The anaesthetized memory of our infancy.
The open windows in the cartographer's chamber.
A fountain of the purest and simplest joy.

VIII

Todo mapa es una isla.

Lo que antes era territorio salvaje, ya es un mapa.

Toda escritura es fragmentaria.
Todo mapa es fragmentario.

En mapas no se ha andado nada.
En poesía no hay nada escrito.

VIII

Every map is an island.

What was once untamed territory is now a map.

Every text is a fragment.
Every map is a fragment.

Nothing has set foot in a map.
Nothing is written in poetry.

MARK SCHAFER

AMOR DE PALENQUE

Presente toda
la claridad del mundo es el rocío,

Manos amorosas
siembran piedras y las hacen florecer.

Formas de coral,
presagio del mar entre templos y ceibas.

Navegan, se pierden:
el río es una cinta de jaguares blancos.

LOVE OF PALENQUE

Now all
the world's splendor is dew,

Loving hands
sow stones and make them flower.

Coral forms,
omen of the sea amid temples and *ceibas*.

They sail, adrift:
the river is a ribbon of white jaguars.

JOANNE SALTZ

AMOR DE CHICHÉN-ITZÁ

Mosaico de milpas,
los peldaños crecen dorados por la luz.

En la escalera
sus pasos despiertan a los flamboyanes:

Corazón de fuego,
pétalos tocados por el sol que gira . . .

Desde los talones
la sangre sube hasta la flor del pelo.

LOVE OF CHICHÉN-ITZÁ

Mosaic of cornfields,
the steps grow gilded by the light.

In the stairway
her steps awaken the red flowering trees:

Heart of fire,
petals touched by the rotating sun . . .

From her heels
blood rises to the bloom of hair.

JOANNE SALTZ

AMOR DE TULUM

Hermosa es la mujer
que de mis ojos se va caminando al mar.

En la arena su falda
dibuja la pausada línea de las aves . . .

Turquesa en el turquesa,
cadena de finas palmas y leves huellas,

La siguen, ardientes:
sobre el agua se yergue un templo de sal.

LOVE OF TULUM

Beautiful is the woman ·
that leaves my sight, walking to the sea.

In the sand her skirt
traces the deliberate line of the birds . . .

Turquoise on turquoise,
chain of fine palms and light footprints,

They follow her, burning:
a temple of salt rises up over the water.

JOANNE SALTZ

AMOR DE AKUMAL

Mientras mi sombra
sigue dócil la curva de su espalda,

Despreocupada traza
con un dedo figuras en la cama . . .

Mediodía de calma
que oscila contra el mar encendido

Por esa misma luz
que deja blancos los botes en la playa.

LOVE OF AKUMAL

While my shadow
gently follows the curve of her back,

Indifferent she traces
figures on the bed with a finger . . .

Calm noon
that oscillates against the sea burned

By the same light
that whitens the boats on the beach.

JOANNE SALTZ

LA MESA PUESTA

Reunidos al calor del buen café,
los panes resplandecen con la calma
de las paredes blancas, encendidas,
rebosantes de luz por la ventana.

Ya la paja se extiende entre los pinos,
crece la claridad y forma el cielo,
forma una habitación, forma una jarra
profunda como el ojo del espejo.

Es este mismo mar, el mar de siempre,
llano rectangular de cada cosa,
donde flotan los montes y las nubes
como islas de quietud entre las horas.

THE SET TABLE

United in the spread of coffee's
warmth, the loaves shine with the white
calm of illuminated walls, over—
flowing from the window's light.

The straw spreads among the pines,
clarity expands and forms the sky,
composes a room, creates a jar
profound as the mirror's eye.

In this same sea, our everyday sea,
each object's rectangular zone,
where hills, where clouds float
like islands of peace among the hours.

JULIAN PALLEY

EL FIN DE LAS ETIQUETAS

La mosca se levanta de la mesa
y domina los cuartos desde el techo,
atraviesa puntualmente el pasillo
que comunica al mar con el espejo.

Penetrante en la luz es su zumbido
una burbuja más dentro del agua . . .
navegando descubre entre los botes
el borde iluminado del mantel.

El fondo es sucio, lo que mira claro:
esta vida que flota vacilante
con aire de papel, blanco de luz,
nada recuerda ya de las palabras.

NO MORE NAMES

The fly rises from the table
contemplates the rooms from the ceiling,
conscientiously crosses the passage
that connects the mirror to the sea.

Piercing in the light his buzz
is one more bubble in the water . . .
sailing among the boats, fnding
the well-lit edge of the cloth.

The bottom is soiled, he sees it plain:
this life drifts haphazardly
like a paper whitened by light,
remembers nothing now of words.

EDITH GROSSMAN

LA SAL DE LA TIERRA

Para todo animal es un misterio
la tierra que palpita suavemente,
si la calma que brota de sus miembros
sostiene este desierto rumoroso.

Pasan los hombres de la caravana
cubiertos de metal, de piel, de plástico;
parecen tan seguros comerciando
con los nombres del mundo, sus promesas.

Necesitan el sol en el cuchillo
para ver que la luz vale la pena. . .
fiestas de vanidad, casa de arena,
en el mar brillan otros candelabros.

THE SALT OF THE EARTH

The earth that softly pulsates
is a mystery for every animal,
if the calm that rises from its limbs
sustains this sonorous desert.

Men with their caravans pass by
laden with metal, leather, plastic;
they seem so confident, trafficking
in the world's names, its promises.

The sun must flash off their knives
for them to see that light itself is worth anything . . .
celebrations of vanity, house of sand,
other candelabra glisten in the sea.

JULIAN PALLEY

47

UN ESCÉPTICO NOÉ

Las voces, oigo las voces cantando
en medio del diluvio canciones dulces
con el crujir de las vigas que se mecen.

Es la lluvia que da sueño, la alabanza
del mar cuya paciencia levanta barcos.

El canto es bello, pero la violencia
que el oro y las ricas maderas suscitan,
crece como la duda en la cabeza de un rey.

Es la miseria del hombre que ignora
la vasta permanencia de la muerte.

En esta soledad que nunca conociste
te preguntas por los que se quedaron,
sufres y quisieras tener una respuesta.

Desde la oscuridad llegan los gritos
de los pájaros que nadie comprende.

A SKEPTICAL NOAH

The voices, I hear the voices singing
sweet songs in the middle of the flood
with the creaking and swaying of the planks.

It's the rain that gives sleep, the praise
of the sea whose patience lifts up boats.

The song is lovely, but the violence
that the gold and rich timbers arouse
grows like doubt in the head of a king.

It's the misery of man that ignores
the vast permanence of death.

In this solitude that you never knew
you inquire about those who stayed behind,
you suffer and would like an answer.

Out of darkness come the cries
of birds that no one understands.

Pudieron dejar el mundo, pero la morosa
voz de la prudencia, es la red minuciosa
que la araña teje preocupada por su presa.

Los argumentos de la noche son más duros
que el ir y venir de los remordimientos.

Entre los reflejos la imagen de aquellos
que construyeron su casa sobre la historia
de la arena, la roca y el pescado de la red.

La esperanza toca las aguas que ondulando
confunden a la calma con la profundidad.

Nada compensa los soles magníficos,
los campos azules coronados de gallos,
el salón de espejos donde parió la cierva.

Hay que ver el silencio de los animales
que escuchan para sentirse menos solos.

Es la música discreta de las vacas
que en su blancura pierden al pastor
y en la hierba aspiran a lo eterno.

De la niebla bajan los cielos grises
y escurre la luz de la primera edad.

They could let the world go, but the morose
voice of prudence is the painstaking net
the spider weaves concerned about her prey.

The night's arguments are harder
than the coming and going of regrets.

Among reflections, the image of those
who built their house on the history
of sand, the rock and fish of the net.

Hope touches the waters which undulate
confusing calm with profundity.

Nothing compensates the magnificent suns,
the blue fields crowned with roosters,
the hall of mirrors where the doe gave birth.

You have to see the silence of the animals
who listen so as to feel less alone.

It's the discreet music of cows
who lose the farmer in the whiteness
and aspire to eternity in the grass.

Gray skies descend out of the fog
and the light of the first age drains.

Flota sobre los restos el Arca de Noé
que, recostado entre las ovejas, duerme
sin preocuparse por la semilla del mundo.

Sabe que más allá del cielo abierto
comienzan el desierto y el olvido.

Above the debris floats the Ark of Noah,
who, lying down among the lambs, sleeps
without a worry for the seed of the world.

He knows that beyond the open sky
begins the desert and oblivion.

JOHN OLIVER SIMON

CAMINOS DE PAPEL

Alto
en el monte
donde crece el incansable pino,

Allá
donde el silencio
se vuelve nieve entre las ramas

Vive
una especie de
cuervo que vuela como el hombre.

Sus alas
son la esperanza
de ver los signos del tiempo,

Sus gritos,
páginas blancas
sobre el negro suelo del soñar.

PAPER ROADS

High up
on the mountain
where the tireless pine tree grows,

Up there
where the silence
turns to snow on the branches

There lives
a species of
crow that flies like a man.

Its wings
are the hope
of seeing the signs of the times,

Its cries,
white pages
on the black ground of dreaming.

REGINALD GIBBONS

CLAVÍCULAS

I

Busca mi rostro entre las rocas,
sigue el único camino posible:
le llaman "El Arco de la Alianza,"
le llaman "El Séptimo Rayo."

II

Campanas a lo lejos,
campanas de los montes,
el eco del invierno
duplica las ventanas.

Un becerro enclenque
se muere en el corral.
Un toro deslumbrante
contempla la llanura.

Allí donde la acacia
florece al mediodía.
Allí donde germinan
las nubes en el agua.

COLLAR BONES

I

Seek my face among the rocks,
follow the only possible path:
they call it "The Arc of the Alliance,"
they call it "The Seventh Ray."

II

Bells in the distance,
bells from the hills,
winter's echo
mimics the windows.

A sickly calf
is dying in the corral.
A dazzling bull
contemplates the plain.

There, where the acacia
blooms at midday.
There, where clouds
germinate in water.

Guerreros del instante
brillando en la ladera
camino a la vituperada
piedra de la fundación.

Warriors of the moment
shining on the hillside
on the way to the reviled
foundation stone.

MARK SCHAFER

TRAS EL RAYO

Parezco el más blanco,
pero mi sombra es engañosa.

Dejo que las casas queden
plácidamente rumiando
su dosis de figura,
su sol aderezado.

La soledad de mis visiones
se pone de acuerdo con el viento
y con la fluidez de las montañas.

Mi campo de acción crece
con la virtud geométrica
de las nubes amarillas.

Alguien más fue visto en este sueño,
pero el rumor que agitaba los maizales
no permitió conservar ningún recuerdo.

THE OTHER SIDE OF LIGHTNING

I seem the whitest one,
but my shadow is deceptive.

I allow houses to go on
placidly ruminating
their preposterous lot,
their overdressed sun.

The solitude of my visions
concurs with the wind
and the mountains' fluidity.

My field of action grows
with the geometric power
of the yellow clouds.

Someone else was seen in this dream,
but the noise that shook the corn fields
did not allow memory to be preserved.

EDITH GROSSMAN

UNA BATALLA DE ROMANOS

Ábrese el bosque de las lanzas
y un hilo de sangre toma la pendiente — flor a
    flor —
emblema del íntimo torrente,
baña las huertas y tiñe las verduras.
De aquí nacerán el rotundo jitomate y la jugosa
    zanahoria,
los ardientes chiles y el manso betabel.
Con el estiércol de los caballos despavoridos
ha de ser abonado este terreno
por los siglos de los siglos.
Quién más, quién menos
como liebres en campo de batalla,
como ciervos huyendo ante el estruendo de los
    truculentos arcabuces.
Una espada de agua en el interior de una venganza
    imaginaria.
Un soldado desconocido
durmiendo el sueño largo bajo las patas de los caballos.
Y detrás de todos estos valientes
se alcanzan a escuchar las fanfarrias de los músicos,
esos hombres de segunda . . .
los que vieron correr la sangre como quien ve una
    película de vaqueros;
los que llevaron el ritmo con el temblor de sus rodillas

A BATTLE OF ROMANS

The thicket of lances parts
and a thread of blood spools downward—petal by
      petal—
an emblem of the intimate cascade,
bathing the gardens and staining the vegetables.
Here will grow the round tomato and the succulent
      carrot,
the fiery chile and the humble beet.
This plot of land shall be fortified
with the dung of panicked horses
forever and ever, amen.
One more, one less,
like hares on a battlefield,
like stags fleeing the ferocious thunder of
      muskets.
A sword of water inside an imaginary
      revenge.
An unknown soldier
sleeping deeply beneath the horses' hooves.
And behind all these valiant men
one can just hear the fanfares of the musicians,
those second-class men . . .
men who watched the blood flow like someone
      watching a cowboy movie;
men who kept the rhythm in their trembling knees,

deslizando las manos sudorosas como centauros sobre
     las llaves;
los que apenas si fueron a la fiesta;
o fueron a la fiesta y no sabían bailar,
o se quedaron en la cocina
chiquiteando su vaso con alcohol, su Cuba libre
soplando en la trompeta del insomnio,
cantando fuera de tono las injusticias del mundo;
sin olvidar—por supuesto—a las estrellas
ni a los ángeles que tocan de corrido
los sones predilectos del Creador.

¡Oh oscuridad, telón de fondo!
Crucero y semáforo de la naturaleza.
¡Que siga la batalla cotidiana!
Que sigan las insidiosas diagonales dando guerra,
y la cortina de lanzas abriéndose al milagro de la gente,
a los oficios sin fin de este planeta,
al juego de niños que es vivir cada minuto.

their sweaty hands slipping over the keys
        like centaurs;
men who barely made it to the party
or who went and didn't know how to dance,
or who stayed in the kitchen
nursing the alcohol in their glass, their Cuba Libre,
blowing on the trumpet of insomnia,
singing out of tune the injustices of the world;
without — of course — neglecting the stars
or the angels who play the Creator's favorite tunes
like old ballads.

Oh backdrop of darkness!
Crossroads and traffic lights of Nature.
Let the insidious diagonals go on waging war
and the curtain of lances continues to part for the
        miracle of people,
for the endless occupations of this planet,
for child's play, which is to live every minute.

MARK SCHAFER

TRÍPTICO DESPUÉS DEL DILUVIO

I

El razonable cántico de los ángeles se eleva desde el navío salvador: ya que me voy vaciando en la corriente, ¡yo os bendigo, viejo río! Mientras siguen las horas en su curso, bajando hacia los días por venir. Siento que si desciendo es porque olvido una pregunta y una respuesta olvido. Todo el pasado se aglutina al centro de mi frente y mis ojos se velan de melancolía. Voy en el cauce conducido por un hilo sonoro, por un canto de sirenas en mi cráneo. Pero el viaje no es fácil de seguir. Hay obstáculos ocultos y la corriente se vuelve a veces tan violenta, que se forman terribles visiones en los torbellinos . . . mas luego desaparecen y vuelve a recobrar el cauce su espejo afortunado. No queda ni rastro de la tormenta. El flujo mismo es maravilla . . . y sus fuentes se pierden en el manantial de la atención. La barca frágil se detiene, como un pájaro que se posa en el hombro del viento. Los ángeles me miran con la parte visible de sus almas y parecen advertir, en silencio, la proximidad de una cascada. *¡Aguas y tristezas, subid y reanimad estos diluvios!* Hoy que el pájaro va de camino al punto donde se funden mar y cielo. Como una hoja seca. Como un salmón . . . tengo que ejecutar mi primer gran salto mortal para devolver la breve dosis de luminosidad que, sin yo saberlo, robé algún día. ¡Sí! No hay duda. Voy a contracorriente.

TRIPTYCH AFTER THE FLOOD

I

The reasonable canticle of the angels rises from the ship of salvation: as I am emptied into the current, so I bless thee, ancient river! Meanwhile the hours proceed along their course, falling toward the coming days. I feel that if I descend it is because I am forgetting a question and an answer as well. The entire past clumps together at the center of my forehead and my eyes glaze over with melancholy. I travel along the riverbed, guided by a resonant thread, by a siren's song inside my skull. But the journey isn't easy to sustain. There are hidden obstacles and the current grows so violent at times that terrible visions appear in the whirlpools . . . and then they disappear, and the riverbed recovers its placid mirror surface. Not a trace of the storm remains. The very flow is a marvel . . . and its sources vanish at the wellspring of attention. The small, fragile boat slows to a halt like a bird perching on the shoulder of the wind. The angels watch me from the visible part of their souls and seem to give silent warning of a waterfall close at hand. *Waters and sorrow, rise and bring these floods to life again!* On this day when the bird flies toward the point where the sea and sky merge. Like a dry leaf. Like a salmon . . . I must execute my first mortal leap to give back the fleeting dose of luminosity I stole one day, unaware. Yes! There's no doubt. I am swimming against the tide.

II

Yo sé que dije alguna vez: *he sentado a la belleza en mis rodillas. Y la he encontrado amarga.* Mas en ese tiempo yo no conocía el mar. Hoy que la inmensidad ha comenzado a ser, para mí, comienza el tiempo de la verdad. Y la belleza es verdadera cuando es inconmensurable. No hay muñeca sin nombre ni rodilla sin forma. Es entonces que se puede ver el paso de la corriente desde fuera. Desde el principio y hasta el fin. Esos ruidos que consumen el flujo de la atención provocando un drenado de luz en la columna . . . la vibración de la flauta al ser tocada.

Da vuelta la barca y se regresa, con la parte invisible de mi cuerpo, navegando sobre su propia materia, sobre su líquida luz. En todas direcciones: *Tan alegre, tan fácil, no es más que onda, flora . . . y visible a simple vista* la orilla cada vez más lejana. Y en la corriente de segundos algo cesa, algo deja de caminar y se yergue en un instante: me asomo al manantial . . . y me remonto luego por cúpulas de vidrio y cerros de nubes. ¡Oh coronas de hueso! ¡Oh fuente primordial!

Puede sonar al fin la flauta hueca, pues la música celeste viene con el presente. Puede escucharse la llama del silencio solicitando unánime visión. La eternidad y el tiempo de los hombres no maduran sus frutos a la par: una cosa es la luz de los incendios, y otra muy distinta la estrella de mar.

I know I once said: *I have sat beauty on my lap. And I found it bitter.* But at the time, I hadn't been to the sea. On this day, as immensity has come into being, the time of truth begins for me. And beauty is true when it is immeasurable. There are no nameless wrists nor formless knees. That's when one can look at the passing current from a distance. From beginning to end. Those noises consuming the flow of attention, provoking a flush of light through the spine . . . the vibration of a flute being played.

The boat reverses course and returns with the invisible part of my body, sailing through its own substance, its liquid light. In every direction: *So happy, so easy, it is nothing but wave, flora . . . and visible to the naked eye* the shore, ever farther away. And in the current of seconds something ceases, stops walking, and straightens up for a moment: I look into the pool . . . and then soar over glass cupulas and hillocks of clouds. Oh crowns of bone! Oh primordial spring!

The hollow flute can sound at last, for celestial music accompanies the present. The blaze of silence can be heard requesting unanimous vision. The fruits of eternity and the time of Man do not ripen together: the firelight is one thing and the starfish, quite another.

III

Ni los montes azules ni la ciudad en llamas. Ni la luz del silencio ni las voces del ver. Ni la tranquilidad del Ecuador, ni la inquietud de los Polos. Ni la página en blanco ni la iluminación. Ni el cielo dorado, esférico y sin límites, ni el mar plateado, esférico y sin límites. Ni yo soy Dios, ni Dios soy yo. Ni uno solo de los muchos sentidos. Tampoco dimensiones. Ni siquiera la contradicción. ¿Entonces qué?

Aquí, allí, abismado a la orilla de las palabras, *asisto al brotar de mi pensamiento: lo contemplo, lo escucho.* Siento que el cielo sabe a cielo y la tierra a tierra al cruzar de esta orilla de nadie a esta otra orilla de nadie. Ni el silencio blanco ni el silencio negro. Ni barca ni barquero. Ni luna ni sol.

Ni es el pasado que voy a cargar, ni es el futuro que vine cargando. Ni insistir en que el verso que sigue no es verdad, ni tampoco en que el verso anterior sí es verdadero. Ni ritmo ni medida, ni corazón ni respiración. Si acaso, una pizca dorada, un punto luminoso, una semilla transparente, un sol interior.

Porque *ha sido encontrada.* ¿*Qué?* — *La Eternidad.*

¡Por fin voy a favor de la corriente!

Neither blue mountains nor the city in flames. Neither the light of silence nor the voices of sight. Neither the tranquility of the equator nor the restlessness of the poles. Neither the blank page nor the illumination. Neither the golden sky, sphere without limits, nor the silver-plated sea, sphere without limits. Neither am I God nor God am I. Not a single one of all the many senses. Not dimensions. Not even contradiction. What then?

Here, there, plunging at the brink of words, *I am witness to the emergence of my thought: I contemplate it, listen to it.* I find the sky tastes of sky, the earth of earth as I cross from this no-man's shore to this other no-man's shore. Neither the white silence nor the black silence. Neither boat nor boatman. Neither moon nor sun.

I shall neither bear the past nor shall I have born the future here. Insisting neither that the next verse isn't true nor that the previous verse is indeed true. Neither rhythm nor meter, neither heart nor breath. Perhaps nothing but a golden crumb, a luminous point, a transparent seed, an inner sun.

For *it has been found. What? Eternity.*

At last I am swimming with the tide!

MARK SCHAFER

AFORISMOS

1. El dibujo es la razón y el color es la locura.

2. Se dice que el dibujo requiere de músculos tensos y que el color sólo necesita libertad de acción.

3. El dibujo puede tener la gravedad de un argumento. El color puede tener la ingravidez que distingue a las intuiciones verdaderas. Aquél limita y éste otro expande.

4. En el tiempo, el dibujo es una cita a largo plazo. Llega del mundo tridimensional a la ilusión del plano: la pintura. Del mundo bidimensional a la ilusión de las líneas: el dibujo. El color es puntual. Es instantáneo.

5. Cierto que el dibujo puede llegar a disfrutar de esa libertad propia del color, en la misma línea de las emociones; y que el color se puede someter, a veces, a las necesidades de la construcción, propias de los matices filosóficos, o de los sistemas puramente conceptuales.

6. Pero, en términos generales, podemos decir que el dibujo está del lado derecho de la vida, y el color está del lado izquierdo. Ambos son, obviamente, necesarios. Sin ellos no hay armonía ni simetría. Expresan los principios elementales de la creación: sístole y diástole, causa y efecto, potencia y necesidad, contracción y expansión.

APHORISMS

"May whoever is not a mathematician not read me,
because I am always a mathematician in principle."
—Leonardo da Vinci

1. Drawing is reason and color is madness.

2. It is said that drawing requires tensed muscles and that color needs only freedom of action.

3. Drawing can have the gravity of an argument. Color can have the lack of gravity which distinguishes true intuitions. The latter expands and the former limits.

4. Drawing is a long-term commitment. It comes from the tridimensional world to the illusion of a flat one: painting. From the bidimensional world to the illusion of lines: drawing. Color is punctual. It is instantaneous.

5. It is true that drawing can achieve that same freedom that color enjoys, within the same range of emotions, and that color can yield to the necessities of construction, proper to philosophical subtleties, or to purely conceptual systems.

6. But in general we can say that drawing is on the right-hand side of life, and color is on the left. Both are obviously necessary. Without them there is neither harmony nor symmetry. They express the elemental principles of creation: systole and diastole, cause and effect, strength and necessity, contraction and expansion.

7. Para el dibujante racional, las manchas tienen características morales de impureza; para el colorista nato, las líneas duras y rectas tienen características morales de inflexibilidad. Más allá de la moral, baste distinguir los efectos que producen una manera y otra de trabajar, para comprender las cantidades continuas y las discontinuas, pero sobre todo, la calidad.

8. El dibujo lleva de un modo natural a las obras de la imaginación. El color, por su parte, solicita apoyo de la naturaleza para hallar sostén y forma. El dibujo: seres de razón fundados en lo imaginario. El color: seres de imaginación fundados en lo real. Son las dos alas de un mismo pájaro. La gran obra de arte viene a ser, por lo que se ha dicho, un vuelo perfecto donde estos dos principios consiguen un equilibrio precioso e inimitable.

7. For the rational artist, smudges on the drawing are characteristic of moral impurity; for the innate colorist, straight and hard lines are characteristic of moral inflexibility. Beyond the moral aspects, it might be enough to distinguish the effects that one manner or another of working produces, to comprehend the continuous and discontinuous quantities, but above all the quality.

8. Drawing is a natural medium for works of the imagination. Color, on the other hand, requires help from nature to find support and form. Drawing: beings of reason founded in what has been imagined. Color: imaginary beings founded in reality. They are the two wings of a single bird. The great work of art becomes, it is said, a perfect flight in which these two principles achieve a precious and inimitable equilibrium.

ROBERT L. JONES

EL CUARTO DE LOS TRES SIGLOS

Nos ha tocado jugarla con la inteligencia
    o se nos ha concedido:
Un hombre de luz con el saco roto
hace girar la tierra entre sus manos.

Un hombre inmemorial me está llamando,
    —por círculos me están llamando—
con el rostro encendido y el compás abierto.

Sus mangas están más gastadas que un diccionario
en toda la extensión de sus días y sus noches.

    Tiene las uñas negras:
Son las manos de un hombre trabajador
a su manera, de cabeza noble y saco roto.

    "¡Pon atención!"—me dice—
"El compás genera una línea de fuerza
con un punto fijo y otro en movimiento."

    "Pon el círculo a girar y estás en otro cielo,
tan vasto y perfecto como el otro, ¡pero mayor!"

THE ROOM OF THREE CENTURIES

It's up to us to play it with intelligence
     or to us it is given:
A man made of light with a torn jacket
makes the earth spin between his hands.

An immemorial man is calling me
     —in circles they're calling me—
with his face lit up and an open compass.

His sleeves are more worn than a dictionary
in all the extension of its days and nights.

     He has black fingernails:
the hands of a man who works
in his own way, noble head and torn jacket.

     "Pay attention!" he tells me,
"the compass generates a line of force
with one point fixed and the other in motion."

     "Spin the circle and you're in another sky,
as vast and perfect as this, but greater!"

"Pon a girar la esfera en nuestro tiempo
y verás la proyección de un nuevo espacio:
Una vida con todos sus instantes en presente."

"Un generoso corazón de cuatro casas
y un pájaro volando en larga noche."

Carrusel de la vida y objeto de deseo,
un hombre te lo dice con el saco roto:

"Pon a girar la vida en todos sus instantes
hasta formar una esfera con su tiempo,
y verás un espacio más amplio que se abre."

Mapa de cuatro pilares,
vislumbre de la quinta omnipresente:

"Esferas de tiempo vivo girando en la conciencia."

Un ojo inmenso nos ve
y el sabio soñador sabe y se calla.

"Es cosa muy seria nuestro mundo . . ."
. . . le vi sonreír con la mirada.

"Spin the sphere through our time
and you'll see the projection of a new space:
A life with all its instants in the present."

"A generous heart with four houses
and a bird flying in the long night."

Carousel of life and object of desire,
a man with a torn jacket tells you:

"Spin a life through all its instants
until it forms a sphere in its time
and you'll see a larger space opening."

Map with four pillars,
glimpses of the omnipresent fifth:

"Spheres of live time spinning in consciousness."

An immense eye sees us
and the wise dreamer knows and is silent.

"Our world is a very serious thing . . ."
. . . I saw his eyes smiling.

JOHN OLIVER SIMON

¿PARA QUÉ TANTAS FORMAS?

¿A quién no le gustaría salir a caminar
con unos zapatos hechos a mano por Boehme?
¿O deleitarse comiendo una mandarina
del Jardín de Lacas de Chuang–Tzu?

Lo quiero averiguar, y sigo mi camino . . .

¿Quién no quisiera observar las estrellas
a través de un lente pulido por Spinoza?
¿O tenderse a reposar sobre un manto
de lana cardada y tejida por Kabir?

Junto energía para hallar una respuesta.

¿A quién no le gustaría tocar una canción
en una flauta de carrizo hecha por Krishna?
¿O llegar a sentarse con hambre a la mesa
en un banco de madera construido por Jesús?

Obras maestras sencillas y prácticas.

Tal vez al final del camino sólo importe
el esplendor que brota de un trabajo completo.
La cantidad de energía que se junta en cada obra.

WHY SO MANY FORMS?

Who wouldn't like to go out walking
in a pair of shoes hand-made by Boehme?
Or delight in eating a mandarin orange
from the Lacquered Garden of Chang–Tzu?

I want to find out, I keep on going . . .

Who wouldn't wish to observe the stars
through a lens polished by Spinoza?
Or lie down to rest on a blanket
of wool carded and woven by Kabir?

I gather energy to seek an answer.

Who wouldn't like to play a song
on a reed flute made by Krishna?
Or sit down hungry at the table
on a wooden bench constructed by Jesus?

Simple and practical masterpieces.

Maybe at the road's end all that matters
is the splendor springing from a completed task.
The quantity of energy gathered in each work.

JOHN OLIVER SIMON

LA PRIMERA ESTRELLA

Cielo azul y nube de oro . . .
¡Qué sensación de eternidad!
Las lentas copas de los árboles
guardan airosamente su secreto.
Alguien pensaría en una señal.

Ala de pájaro que se deshoja.
Olas al fin de un mar inconcebible.
La primera estrella, demasiado humana . . .
La primera ventana se enciende también.

Siento mi corazón como un astro de vidrio
en medio de la noche que avanza.

Alguien llora entre las sombras.
Alguien ríe tras las ventanas amarillas.
Y el cielo se extiende, inmenso,
lleno de nubes sobre nuestras cabezas.

Un resplandor alcanza altura
y montañas dulcemente silenciosas.
Siluetas en el horizonte
   callado, callado
     regreso
a la casa del Padre.

FIRST STAR

Blue sky, golden cloud . . .
What a feeling of forever!
The languid tree-tops
lithely remain mysterious.
A sign, you would think.

Bird's wing plucked of feathers.
Last waves of an unimaginable sea.
The first star, far too human . . .
The first window brightens, too.

My heart feels like a glass star
at the center of descending night.

Someone sobs in the shadows.
Laughs through yellow windows.
And the sky unfurls, enormous,
strewn with clouds overhead.

A glow sweeps to great heights
and sweetly silent mountains.
Silhouettes along the horizon
    hushed, hushed
        I go back
to the Father's house.

JAMES NOLAN

LA VERDAD DESNUDA

Aparece un horizonte: me recuerda aquellos días de mi adolescencia en que esperaba pacientemente a una bella desconocida.

Mi mitad de sombra la esperaba.

Con vista de rayos X la podía ver llegar en el sonido a cuatro cuadras de distancia. ¡Oh cómo la sentía llegar!

Mecida en la dulce hamaca de sus trece años, y yo, con el corazón herido, la miraba directamente a los ojos y en silencio. ¡Qué ingenuidad!

Llevaba su retrato dibujado en el alma.

Por las noches afloraba en el estanque de mis sueños un rostro desesperado, hasta que el fuego de la vigilia encendía de nuevo la corriente, y en aquella estación se escuchaban voces.

Mientras los amantes dormían sobre la hierba, sobre las lentejuelas de sombra, yo sentía como si dos hombres lucharan dentro de mí. Luego veía surgir a dos mujeres del agua.

Mis pensamientos se desdoblaban como la forma y la timidez de su modelo. Yo le daba un beso con toda mi alma . . . le daba un abrazo desde el fondo del mar . . .

Flores rotundas, flores volubles, flores abiertas a la mitad de la plaza.

Seguía picando la piedra imaginaria.

Tengo borrosos recuerdos de su figura: su pelo pintado

THE NAKED TRUTH

A horizon appears: it reminds me of the days of my adolescence when I would patiently wait for an unknown beauty.

Half my shadow awaited her.

With my x-ray vision, I could see her coming four blocks away. Oh how I anticipated her arrival!

She, swinging in the sweet hammock of her thirteen years, and I, with wounded heart, would look her straight in the eyes, in silence. How naïve!

Her portrait was engraved on my heart.

At night, a desperate face would emerge from the pool of my dreams until the vigil's flame ignited the current anew, and in that season voices could be heard.

While lovers slept in the grass on spangles of shadows, I felt as though two men were fighting within me. Then I watched as two women arose from the water.

My thoughts unfolded as the form and timidity of their model. I gave her a kiss from the bottom of my soul . . . I gave her a hug from the bottom of the sea . . .

Sonorous flowers, twining flowers, flowers blooming in the middle of the plaza.

I went on cutting the imaginary stone.

I have foggy memories of what she looked like: her

contra todas mis expectativas; su conversación casual con los vendedores; el despertar de su pecho.

Al final del viaje yo recibía las migajas de una mirada al sesgo, y la veía como se ve una panadería de niño.

Me quedaba sentado, pensativo . . . una cascada cayendo en un pozo . . . ciervos en brama luchando en lo más profundo del bosque . . . así fueron todos los días de esa incipiente primavera.

Eramos una tormenta y un valle en calma.
Debo decirlo: desde entonces estoy a su merced.
Como un árbol frente a la puesta de sol.
Es la pura verdad.

hair dyed against my every expectation; her casual conversation with the merchants; her awakening breast.

At the journey's end, I would receive the crumbs of a sidelong glance, and would look at her as a child looks at a bakery.

I would sit there thinking . . . a waterfall falling into a pool . . . rutting stags battling in the heart of the forest . . . such were the days of that nascent Spring.

We were a storm and a valley at peace.
I must say it: I have been at her mercy ever since.
Like a tree facing the sunset.
It's the honest truth.

MARK SCHAFER

EN EL PAÍS DE UN MEJOR CONOCIMIENTO

una piedra que canta la alabanza de su peso
una rosa que llora al alba su propio rocío
un gallo iluminado por el sol desde adentro
y un ser humano reconciliado consigo mismo

en el país de un mejor conocimiento
   hay un estanque lleno de sirenas transparentes
   hay un barco resplandeciendo a la medianoche
   hay un cerro que piensa cosas maravillosas
   hay una ventana abierta al fondo del mar
   hay una balanza de innumerables brazos
   hay un circo y su carpa es el cielo
   hay un perro que es su propio amo
   hay un ajedrez sin adversarios
   hay una torre sobre la brisa
   hay un mantel junto al río
   hay un sombrero con alas

IN THE COUNTRY OF BETTER KNOWLEDGE

a stone that sings the praise of its own weight
a rose that weeps its own dew at daybreak
a rooster illuminated by the sun from within
and a human being reconciled with himself

in the country of better knowledge
   there's a window open at the bottom of the sea
   there's a lagoon full of transparent mermaids
   there's a hill thinking wonderful things
   there's a balance with innumerable arms
   there's a circus whose tent is the sky
   there's a chess-game without opponents
   there's a boat that glows at midnight
   there's a tablecloth beside the river
   there's a dog who's his own master
   there's a tower upon the breeze
   there's a hat with wings

una barranca que se abre
y se cierra
según el vértigo de quien
la mira

una fruta tropical que a
veces crece
dentro de las piedras
preciosas

una planta con bellas
cartas de amor
escritas en cada una de
sus hojas

y coronado por las nubes
de colores
un árbol inmenso en
medio del mar

un alcatraz que
se aparece
cuando se cruzan dos
miradas

y un pino sobre el
acantilado
haciéndole cosquillas a la
luna

un yunque donde se
forjan
redondos minutos de
cristal

y un amanecer que
sobrevive
a un atardecer
interminable

en el país de un mejor conocimiento
está el Creador más allá de todo nombre y toda forma
y viven viejos que son sabios como los niños
existe un camino que va a donde quiere
y cuatro poemas dentro del corazón
existe un amor correspondido
hay una idea perfecta
hay un silencio

a canyon that opens and
    closes
according to how dizzy it
    makes you

a pelican which
        appears
when two glances
        cross

a tropical fruit which
    sometimes
grows inside precious
    stones

and a pine on the ridge-
        crest
tickling the moon

a plant with a love-
    letter
written on each of its
    leaves

an anvil where they
        hammer out
the round minutes of
        crystal

and crowned with
    colored clouds
a huge tree out in the
    ocean

and a dawn that
        survives
into interminable
        twilight

in the country of better knowledge
    the Creator exists beyond all names and shapes
    and there are old people as wise as children
    a road which goes wherever you want
    and four poems inside the heart
    requited love exists
    there's a perfect idea
    there's a silence

JOHN OLIVER SIMON

91

MIENTRAS HAY ESPACIO HAY TIEMPO

I

Amanecer de los sentidos
las islas esculpen
al mar y al sol cincelan
un destino en gestación
con órdenes selladas
y abanicos de meteoros fundidos.

MIENTRAS HAY ESPACIO HAY TIEMPO

Siempre que las llamas se ceban
en los cuerpos oleosos de los reyes,
ahí donde el arpón de los huesos
sacrifica al genio de la especie,
con los números cosidos al origen,
el tres y su fama primigenia . . .

MIENTRAS HAY ESPACIO HAY TIEMPO

WHILE THERE IS SPACE THERE IS TIME

I

Awakening of the senses
the islands sculpt
the sea and engrave upon the sun
a destiny in gestation
with sealed orders
and fans of melted meteors.

WHILE THERE IS SPACE THERE IS TIME

When the flames fatten themselves
on the oily bodies of kings
there where the harpoon of the bones
sacrifices the genius of the species,
with its numbers sewn to its origin,
three and its primigenial fame . . .

WHILE THERE IS SPACE THERE IS TIME

II

Los grandes transparentes cristalizan,
la espera prefigura la costumbre:
El espacio no es una extensión
sino el imán de las Apariciones.
    Tan lejos como quieras
pero con la promesa de volver . . .

MIENTRAS HAY ESPACIO HAY TIEMPO

    Ahí donde las miradas
se detienen y vuelcan su cubo:

MIENTRAS HAY ESPACIO HAY TIEMPO

    Corazón del ágata,
carbones encendidos en el cielo:

MIENTRAS HAY ESPACIO HAY TIEMPO

    Rizos de la noche,
pozo de soledad donde la luna llora:

MIENTRAS HAY ESPACIO HAY TIEMPO

II

Great transparents crystallize,
expectation prefigures custom:
*Space is not an extension
but rather a magnet for Apparitions.*
    As far away as you like
but with the promise of return . . .

WHILE THERE IS SPACE THERE IS TIME

    There where glances
stop and overturn their dice:

WHILE THERE IS SPACE THERE IS TIME

    Heart of agate,
coals burning in the sky:

WHILE THERE IS SPACE THERE IS TIME

    Ripples in the night,
well of solitude where the moon weeps:

WHILE THERE IS SPACE THERE IS TIME

Mensajes del planeta,
mensajes de los dioses,
escudos de arena donde la rosa
de los vientos recuerda su futuro.
La razón es simetría
pues hay ritmo, hay movimiento.

MIENTRAS HAY ESPACIO HAY TIEMPO

Las horas navegan por los ojos:
*Las formas buscan su forma,
la forma busca su disolución.*
Así es la vida . . .
ahí donde aparece el Arte
desaparece el nombre.

MIENTRAS HAY ESPACIO HAY TIEMPO

III

    Messages from the planet,
    messages from the gods,
shields made of sand where the rose
of the winds remembers its future.
    Reason is symmetry
since there is rhythm, there is movement.

WHILE THERE IS SPACE THERE IS TIME

    The hours navigate through the eyes:
    Forms search for their form,
    form searches for its dissolution.
        Such is life . . .
    there where Art appears
        the name disappears.

WHILE THERE IS SPACE THERE IS TIME

ROBERT L. JONES

UNA FLAMA MOJADA

Un reflector prendido en la negrura
  de un día cualquiera
o una mancha luminosa en el azogue
  de un espejo olvidado
  en una habitación a oscuras

Así es la llama del silencio

Un fósforo encendido entre las manos
  de una noche callejera
o una bocanada de aire fresco
  entre las nubes tumefactas
  de un borroso paisaje suburbano

Así es el fuego del silencio

Como esos peces
      que en el fondo del mar
           son su propia luz

IMMERSED FLAME

A reflector searching the darkness
  of an ordinary day
or a luminous stain on the silver
  of a forgotten mirror
  in a darkened alcove

Such is the flame of silence

A lighted match in one's hands
  on an evening stroll
or a gust of fresh air
  among the swollen clouds
  of a dim suburban landscape

Such is the fire of silence

Like those fish
        at the bottom of the sea
                that are their own light

JULIAN PALLEY

PARA ENTRAR EN MATERIA

Como una criatura
que desde el óvalo materno
se quiere desprender y comenzar
a vivir la aventura incomparable de su vida
    o
Como el topo
que construye a ciegas
una lenta morada subterránea
que culmina al fin y al cabo con la luz
    o
Como el gusano
que en busca de alimento
desde la pulpa misma de la fruta
cava el pasaje deleitoso de su liberación
    o
Como el clavo
que a golpes de martillo
se va adentrando poco a poco
hasta pegar las tablas y juntar las partes

Así el que sueña
penetra lentamente en otra realidad

TO ENTER INTO MATTER

Like a little creature
who wants to let go
of her mother's ovary and start
to live the incomparable adventure of her life
      or
Like the mole
who blindly constructs
a slow subterranean dwelling
which culminates after all in light
      or
Like the worm
seeking nourishment who carves
his delectable passage to freedom
out of the fruit's very pulp
      or
Like the nail
at hammer-blows
which pierces bit by bit
connecting parts and joining tables

So he who dreams
slowly penetrates another reality

JOHN OLIVER SIMON

LA VACA PINTA AL ALBA

La noche está floreando
con estrellas errantes
la hierba está llorando
sencilla y sosegada

Hay un mundo girando
en los ojos brillantes
de la vaca pintada

La noche es la ceniza
de cigarros divinos
y la lumbre precisa
en la sombra se apaga

Hay un mundo sin prisa
en los ojos cetrinos
de la vaca pintada

La noche está creciendo
el establo es seguro
afuera está lloviendo
la paja y la alborada

THE COW PAINTS THE DAWN

The night is blossoming
with shooting stars
the grass is crying
simple and subdued

There is a world spinning
in the brilliant eyes
of the painted cow

The night is the ash
of divine cigarettes
and the precise glow
goes out in the darkness

There is an unhurried world
in the sallow eyes
of the painted cow

The night is swelling
the stable is secure
outside it is raining
straw and dawn

Hay un mundo naciendo
en los ojos oscuros
de la vaca pintada

La noche es tinta china
la luz es leche fresca
la aurora se adivina
por la luna cansada

Hay un mundo que trina
en los ojos de yesca
de la vaca pintada

There is a world being born
in the dark eyes
of the painted cow

The night is India ink
the light is fresh milk
daybreak is foretold
by the weary moon

There is a world warbling
in the tinderbox eyes
of the painted cow

EDITH GROSSMAN

ECLIPSE MEXICANO

La sombra de la ley

La luna es un conejo
la luna es un maguey

Después de que el conejo
ha desaparecido
ya no sirve el consejo

Hay que andar los caminos
por líneas de poder
pues cuentan los destinos
que el mundo es una red

O el mundo es una danza
y el conejo se pica
libando el aguamiel
que secreta en silencio
la estrella del maguey

MEXICAN ECLIPSE

The shadow of the law

The moon is a rabbit
the moon is an agave

After the rabbit
has vanished
advice is useless

We must walk the roads
by lines of power
for destinations reveal
that the world is a net

Or the world is a dance
and the rabbit is stung
lapping up nectar
the star of agave
secretes in silence

La corona de espinas
la pechera de púas
la madriguera llena
del conejo en la luna
y la tierra girando
en su caja de música

Porque el mundo es un ritmo
una imagen del tiempo
cosiendo el horizonte
con zurcido invisible
sobre la tierra negra
como un cofre cerrado
en la noche del cuerpo

O el mundo es un enigma
sin más explicación
que el sol por un instante
delante del espejo
donde pasan fugaces
—como a salto de mata—
las sombras y las formas
a las puertas del sueño

The crown of thorns
and barbs in the breast
the burrow full
of the rabbit in the moon
and the earth revolving
in its music box

Because the world is a rhythm
an image of time
sewing the horizon
with invisible stitches
over the black earth
like a locked chest
in the night of the body

Or the world is an enigma
with no further explanation
than the sun for an instant
in front of the mirror
where shadows and forms
bolt from cover
at the doors of dreams

JOHN OLIVER SIMON

LOS PERICOS

Hablan todo el día
y entrada la noche
a media voz discuten
con su propia sombra
y con el silencio.

Son como todo el mundo
    —los pericos—
de día el cotorreo,
de noche malos sueños.

Con sus anillos de oro
en la mirada astuta,
las plumas brillantes
y el corazón inquieto
por el lenguaje . . .

Son como todo el mundo
    —los pericos—
los que hablan mejor
tienen su jaula aparte.

THE PARAKEETS

They talk all day
and when it starts to get dark
they lower their voices
to converse with their own shadows
and with the silence.

They are like everybody
    —the parakeets—
all day chatter,
and at night bad dreams.

With their gold rings
on their clever faces,
brilliant feathers
and the heart restless
with speech . . .

They are like everybody,
    —the parakeets—
the ones that talk best
have separate cages.

W.S. MERWIN

111

LA GOLONDRINA

El enorme alivio que sentimos
al contemplar los montes a lo lejos,
al ver el vuelo de una golondrina
o al escuchar la conversación
del viento con los fresnos,
es el de estar—por un instante—
en contacto real, hermanados
con una infinidad de seres
que no son otra cosa que lo que son
y que no desean—en lo absoluto—
ser de ninguna otra manera.

THE SWALLOW

The enormous relief we feel
as we look at the distant mountains,
watch the flight of a swallow
or listen to the talk
of the wind in the ash trees,
comes of touching—for a moment—
as though we were of the same family,
beings beyond number
that are nothing but what they are
and have no wish—whatever—
to be any different.

W.S. MERWIN

FUEGO NUEVO

Estas imágenes
son como sueños sobrepuestos.
　　　　　—*Francisco Toledo*

I

Árbol de luz: en el haz de las hojas
nace la inmensidad del cielo abierto

Y las raíces se hunden en la noche
de la tierra sin límites . . . finita.

Con la vista devora la redondez
del planeta pulido por los vientos

Y cruzado por los ríos que cantan
en las márgenes de espuma del lenguaje.

Reconciliación: los vientos del este
y del oeste sellaron un pacto

En la encrucijada: allí donde la mano
es la frescura renovada del destino;

Allí donde el envés de las hojas
ya presiente el vuelo del otoño

NEW FIRE

These images
are like superimposed dreams.
                    —Francisco Toledo

I

Tree of light: in a bundle of leaves
the vastness of the sky is born

And roots sink into the night
of a land with no borders . . . bounded.

Through sight he devours the roundness
of a planet polished by winds

And crossed by rivers that sing
in the margins of the whitecaps of language.

Reconciliation: east wind
and west wind seal a pact

At the crossroads: there where the hand
is a renewed freshness of fate;

There where the backs of the leaves
foretell the flight of autumn

Y las puntas enardecidas del verano
acarician la seda del invierno.

Lentos caminos bordeados de sauces:
almas visibles o nido de todos.

Sopla de pronto el espíritu
justo donde menos se esperaba

Y brota una paloma, una tortuga,
un mirlo, un cangrejo, una serpiente,

Un prisma de cuarzo encendido
en el tronco de la ceiba milenaria.

II

Puente de luz: remanso de espejos,
en la voz del agua canta el día

La historia celeste de otra fuente,
de otras sombras y otras claridades.

Con los labios descubre los cauces
del deseo: la raíz del instinto . . .

And the kindled tips of summer
caress the winter's thirst.

Slow roads bordered by willows:
visible souls, or a nest for everything.

Spirit-breath, suddenly,
when we least expect it

And a dove bursts out, a turtle,
a blackbird, a crab, a snake,

A prism of quartz set aflame
in the trunk of a thousand-year-old cottonwood.

II

Bridge of light: swamp of mirrors,
day sings in the voice of water

The celestial history of another fountain,
of other shadows, other lights.

With his lips he discovers the riverbeds
of desire: the root of instinct . . .

Del árbol azul de la cascada
penden los racimos de cristales.

Advocación: la madre del maguey
cambia de rostro a cada instante:

Da de mamar al rebaño de nubes
al amparo de la estrella mañanera.

La luz florece en las largas orejas
de unas liebres blancas que beben

Entre voces que brotan de las cañas
y el manantial de las uvas opimas.

Ojo de agua: visión y mano libre
que fluye para comenzar de nuevo:

Va tocando las riberas sin prisa
y forma un conejo la espuma reluciente . . .

Un estanque — un ombligo — una laguna
y vibrando en el centro del reflejo

Una perla redonda como un niño
en su cuna de hierbas silvestres.

Crystal-clusters hang
from the blue tree of a waterfall.

Advocation: mother of the maguey
her face changing every moment.

Nurses a flock of clouds
in the shelter of the morning star.

The light flowers on the huge ears
of a few white hares drinking

Amid the voices bursting from the cane
and the springs of plump grapes.

Eye of water: vision and free hand
flowing to begin anew:

It touches the shores unhurriedly
and forms a rabbit of glittering foam . . .

A pond—a navel—a lake
and vibrating in the center of the reflection

A pearl round as a child
in its crib of forest grasses.

III

Sueño de luz: en la llama solitaria
se abren paisajes al final del día:

Recuerdos del futuro en esa fuente
de calor y de sombras fantasmales.

Recobra el alimento de las leyes
en los últimos rayos del mundo

Y en el árbol puntual de la mirada
madura el pan de la verticalidad.

Invocación: el mundo canta dulcemente
en el bosque de ardientes candelabros

Como un niño que asciende con la hora
de las lámparas prendidas al ocaso . . .

Delante de las llamas que se duermen
como almas en el claroscuro del cuerpo

Corren las manadas y pasan las aves
buscando el refugio de otro sueño.

III

Dream of light: in the solitary flame
landscapes open at day's end:

Memories of the future in that fountain
of heat and ghostly shadows.

He finds food in the laws
of the last rays on earth

And in the exacting tree of seeing
the bread of the vertical ripens.

Invocation: the world sings sweetly
in the forest of burning candelabra

Like a child climbing at the hour
the lamps are lit at sunset . . .

Before the flames that sleep
with souls in the dapple of the body

Flocks run and birds go by
looking for shelter in another dream.

Más voz que llama: el ojo que ve es uno
con la imagen vista y la palabra dicha.

Imaginación y ceniza de la especie
en la bóveda ancestral de la caverna

Pende un astro de fuego y astas vivas
vibrando con la inminencia del regreso.

Hay criaturas que escriben su destino
con el humo que dejan las estrellas.

IV

Casa de luz, reposo de espejos,
en la voz del gallo canta el día

La cálida memoria de otra tierra,
de otros dioses, otros animales.

Con la vista descubre las rutas
del amor, las verdades del mundo:

Destellos al fondo del barranco
flotan los racimos de caimanes.

More voice than flame: the seeing eye is one
with the image seen and the spoken word.

Imagination and the ashes of species
in the ancestral vault of the cavern

A star of fire dangles, living horns
vibrate on the verge of return.

There are creatures that write their fate
with the smoke-trails of the stars.

IV

House of light, mirrors at rest,
day sings in the voice of a rooster

The warm memory of another earth,
other gods, other animals.

Through sight he discovers the routes
of love, the truths of the world:

Sparks at the bottom of a ravine,
the clusters of caymans float.

Resplandor, cascada de reflejos:
cambia su rostro a cada instante . . .

Cae desde la cima de la especie
buscando la pendiente predilecta.

La corriente cesa entre las patas
de unos bueyes negros que beben . . .

Voces que brotan entre las cañas
y una línea en el agua, fugitiva.

Rinde su visión la mano firme:
termina para comenzar de nuevo.

Va ligando los puntos con ceniza
y forma un conejo, forma un pez . . .

Un giro de la pluma y un pájaro
que cobra la redondez del sol:

Para poder volar en este viento
necesita las alas de la muerte.

Splendor, waterfall of reflections:
its face changing every moment . . .

It falls from the peak of the species
seeking its desired slope.

The current stops between the hooves
of a few black oxen drinking . . .

Voices that burst between the cane
and a fugitive line in the water.

The knowing hand conquers the vision:
it stops to start again.

It binds the nibs with ashes
forms a rabbit, forms a fish . . .

A swirl of the pen and a bird
blocks the roundness of the sun:

To fly in this wind
you need the wings of death.

ELIOT WEINBERGER

CABALLO A LA LUZ DE LA LUNA

Un caballo se escapó del circo
y se internó en los ojos de mi hija:
allí se puso a dar vueltas alrededor del iris
levantando una polvareda plateada en la pupila
y deteniéndose de vez en cuando
a beber del agua santa de la retina.

Desde entonces mi hija siente un anhelo
de llanuras de pasto y colinas verdes . . .
así pasa largas horas en la ventana
esperando a que llegue la luna
a secar con sus mangas de seda
el agua triste que moja sus mejillas.

HORSE BY MOONLIGHT

A horse escaped from the circus
and lodged in my daughter's eyes:
there he ran circles around the iris
raising silver dust-clouds in the pupil
and halting sometimes
to drink from the holy water of the retina.

Since then my daughter feels a longing
for meadows of grass and green hills . . .
she spends long hours at the window
waiting for the moon to come
and dry with its silk sleeves
the sad water that wets her cheeks.

JENNIFER CLEMENT

LA VIDA EN EL DIAMANTE

I

Pasan las generaciones
y caen los ídolos.*

Aquel domingo en el parque de pelota
era un día especial.
Los diablos rojos regalaban banderines.
Aquella mañana los héroes de mi infancia
tiraron pelotas al público.

Cuando se acercaron a la primera base
le pedí a mi jefe
que se pusiera listo para cacharla.

Fue entonces que la vi venir:
la pelota voló, voló
hacia donde estábamos . . .
¡todos los cuerpos se alzaron!
La bola dio en varias manos
y cayó por fin en las manos de mi padre.

LIFE IN THE DIAMOND

I

*As the generations pass
the idols fall.**

That Sunday at the ballpark
was a special day.
The Red Devils were handing out pennants.
That morning my childhood heroes
pitched balls into the stands.

As they walked toward first base
I asked my old man
to get ready to catch one.

That's when I saw it coming:
the ball soaring, soaring,
heading right toward us . . .
We all rose to our feet!
The ball bounced from one hand to another
and fell at last into my father's hands.

Pero no pudo quedarse con ella.
Pobre . . .
yo sé que de veras me la quería dar.

Como que las cosas no volvieron a ser
iguales desde entonces . . .
mi vida comenzó a cambiar.

Y a decir verdad
desde aquella mañana de domingo
la ando fildeando.

II

*Jugador sin audacia
es un anzuelo sin carnada.*

Se hacía de noche en la calle
y después de jugar por horas
con una bola verdadera de beisbol
y de tirarle con un bat pesado
llegó aquel muchacho mayor que nosotros
al que le apodaban el Diablo.
Nos miró con displicencia.

Todos sabíamos que venía de ver a las gemelas
y—oscuramente—adivinábamos lo que hacían
a escondidas en la penumbra de su cuarto.

But he couldn't hold on to it.
Poor man . . .
I know how much he longed to give it to me.

Somehow things were never the same
after that . . .
my life began to change.

And to be honest
I've been fielding that ball
ever since that Sunday morning.

II

*A player who lacks daring
is a hook with no bait.*

Night fell in the streets
and after playing
with a regulation baseball for hours,
swinging at it with all our might,
that boy showed up, older than any of us,
the one they called "The Devil."
He looked at us with indifference.

We all knew he'd come from a visit with the twins
and guessed—vaguely—what they'd been doing
hidden in the darkness of the girls' room.

131

Ellas lo llamaban con malicia
apagando y prendiendo las luces de su recámara.

El Diablo sacó las manos de los bolsillos,
se las frotó enérgicamente y nos exigió la bola.
Luego me dijo que me pusiera al bat
para que supiera lo que es candela.
¡Y vaya que lo que salió del brazo era candela pura!

La pelota zumbó con una velocidad terrible
y describió una curva inverosímil,
hermosa, sobrenatural . . .

No sé por qué
aquella primera curva
me hizo ver con otros ojos
la luz parpadeante en la ventana.

III

Las grandes tragedias
se escriben con dos outs.

Las tribunas están casi desiertas.
Unos cuantos fanáticos de hueso colorado
entran y salen del parque de pelota
sin haber llegado a ninguna conclusión.

They would signal to him wickedly,
flicking their bedroom lights on and off.

The Devil took his hands out of his pockets,
rubbed them together briskly and called for the ball.
Then he told me to step up to bat
so I'd know the look of white lightning.
And I'll be darned if white lightning didn't come right
     out of his arm!

The ball whizzed toward me at a terrible speed
describing an inconceivable curve,
beautiful, supernatural . . .

I don't know why
that first curve ball
made me see the light blinking in the window.
through new eyes.

III

*Great tragedies
are written with two outs up.*

The stands are nearly deserted.
A few dyed-in-the-wool fans
enter and leave the ballpark
without reaching any conclusion.

La soledad del montículo crece por momentos
mientras cambian los números en la pizarra
y giran sin cesar las manecillas del reloj.

Las porristas se dejan ver de vez en cuando . . .
corre la enésima tanda de cervezas.

En las alturas del palco principal
alguien se pasea meditabundo . . . preocupado . . .
Son ya cinco días seguidos de juego
y el partido no se puede desempatar.

En la sexta jornada surge el acuerdo:
habrá un día completo de descanso.

Al finalizar el séptimo día
se supo la decisión que definiría el partido:
viene el Diablo a batear de emergente.

IV

> *La jugada genial:*
> *un relámpago que se desvanece.*

El pítcher estrella
escarba la loma de las serpentinas
y maldice entre dientes . . .

The solitude at the mound grows by the minute
as they change the numbers on the scoreboard
and the hands on the clock keep turning.

Cheers ring out now and then . . .
yet another round of beer is passed along.

In the heights of the uppermost box seat
Someone paces, deep in thought . . . preoccupied . . .
The game's been going on for five days straight
and no one can break the tie.

On the sixth day of play an agreement is reached:
there will be a full day of rest.

At the close of the seventh day
the decision that would define the game was announced:
The Devil is going in to pinch hit.

IV

The brilliant play:
a lightning bolt that vanishes.

The star pitcher
paws the mound
and swears through his teeth . . .

Allá va la bola: se va, se va . . .
se va como cualquier día de nuestra vida,
como se van los recuerdos
en el río de la naturaleza de las cosas.

Mientras da la vuelta al diamante
en son de triunfo el temible cuarto bat,
quedan unidos para siempre
　　la barda y el tablazo,
　　　　　el ídolo y su público
　　　　　　　　la imagen y la visión.

V

*Los promedios son como profetas
que miran hacia atrás.*

¡Qué difícil sostener un duelo de pitcheo
hasta el final del partido!
Un descuido y la pelota
va a dar al otro lado de la barda.
Lo que era una blanqueada
se puede convertir de pronto
en un racimo de carreras.

¡Qué difícil es abrir el corazón
al tumulto luminoso de la vida!
Pero en el momento menos pensado

There goes the ball: going, going . . .
going like any day in our life
the way memories go
in the river of the nature of things.

While the feared fourth batter
takes a victory lap around the diamond
the back wall and the blow of the bat
    the idol and his audience
        image and sight
            are joined forever.

V

*Averages are like prophets
facing backwards.*

How hard it is to sustain a pitching duel
through the end of the game!
One slip and the ball
lands on the other side of the wall.
What looks like a shutout
can suddenly turn into
a big inning.

How hard it is to open your heart
to life's luminous commotion!
But just when you least expect it

sucede—o puede suceder—
y el mundo entero se convierte
en un misterio renovado.
Todo depende de este instante milagroso.

VI

El beisbol es un deporte exacto.

10,000 posibilidades contra una
de tirar un juego sin hit ni carrera.
20,000 posibilidades contra una
de lanzar un juego perfecto.

¿Cuántas posibilidades contra una
para que un ser humano deje de sufrir?

VII

No existen los quizás en el beisbol.

Quizá si se hubiera lanzado sobre el batazo
fildeándolo de oído
le habría llegado a la pelota . . .

Quizá si la bola
no hubiera picado en la raya de foul
otro gallo nos cantara . . .

it happens — or could happen —
and the whole world becomes
a replenished mystery.
It all depends on that miraculous moment.

VI

Baseball is a precise sport.

10,000 to one are the odds
of pitching a no-hitter with no runs.
20,000 to one are the odds
of pitching a perfect game.

What are the odds
that a human being will stop suffering?

VII

There are no maybe's in baseball.

Maybe if he'd thrown himself at the ball
fielding it by instinct
he would have caught it . . .

Maybe if the ball
hadn't crossed the foul line
it would have been another story altogether . . .

139

Quizá si en lugar del toque de sacrificio
que mandó el mánager
le hubieran dado bateo libre . . .

Quizá no aprenderemos nunca la lección.

VIII

Sin los números el beisbol
no tendría pasado ni futuro.

Thousand and one: el número infinito
que se dice en un segundo.

El número que dicen los ampayers
para calificar un balk.

Lo más grande y lo más pequeño:
la historia de un instante.

Y este santiamén es suficiente
para acabar por siempre con la ilusión.

Maybe if instead of the sacrifice
called for by the manager
he'd been left to decide for himself . . .

Maybe we'll never learn our lesson.

VIII

*Without numbers baseball
would have neither past nor future.*

A thousand and one: the infinite number
one says in a second.

The number the umpires use
to call a balk.

The largest and the smallest:
the history of an instant.

And that blink of an eye is enough
to put an end to the illusion once and for all.

IX

Si supiéramos tratar
a la victoria y a la derrota
como dos impostores
todos seríamos campeones.

Más impredecible que una bola de nudillos;
más generosa que un jonrón con casa llena;
más triste que una carrera de caballito;
más abnegada que un cátcher;
más azarosa que un break;
más contundente que un ponche;
más discutible que un balk;
más delicada que un toque de bola;
más peligrosa que un robo de home;
más dulce que una victoria en casa;
más preciosa que un triple play sin asistencia;
más perfecta que un juego perfecto
la luz en las 10,000 facetas
de la vida en el diamante.

IX

If we were able to view
victory and defeat
as two imposters
we would all be champions.

More unpredictable than a knuckle ball;
more generous than a home run with the bases loaded;
sadder than an unearned run;
more self-denying than a catcher;
riskier than a steal;
more conclusive than striking out;
more debatable than a balk;
more delicate than a bunt;
more dangerous than stealing home;
sweeter than a victory at home;
lovelier than an unassisted triple play;
more perfect than a perfect game
is the light that fills the 10,000 facets
of life in the diamond.

MARK SCHAFER

NO PASA NADA

La vida es una película en blanco y negro
donde no se alcanzan a leer los subtítulos . . .
tal parece que la muerte no descansa
ni a sol ni a sombra.

Se echan a rodar pequeños mundos
a la orilla del sueño
con el viento del dolor
y la inclinación de los recuerdos.

Pero no pasa nada . . .
allá en el fondo de la pantalla
no hay reproche posible
ni tristeza mortal en la pareja.

Sólo una sed de imágenes
apagada dulcemente
en el manantial de la costumbre
donde las palabras toman cuerpo.

NOTHING HAPPENS

Life is a film in black and white
where you can't read the subtitles
so it seems like death doesn't rest
in light or in darkness.

Small worlds are set spinning
on the edge of the dream
with the wind of grief
and a rush toward memory.

But nothing happens . . .
There at the bottom of the screen
there is no possible reproach
nor a couple's mortal sadness.

Just a thirst for images
softly extinguished
in the wellspring of custom
where words take on flesh.

JULIAN PALLEY

LILITH

Como un espejo a la espera
de que la tierra se quede dormida
para devolverla purificada a las aguas
del mar que se extiende entre una ceja y otra

Me interno en tus pupilas:
me acerco lenta y apaciblemente
a ese hueco donde un ciervo herido llora
porque se perdió en el bosque de tu cabellera . . .

Y aunque no puedo tocar tu alma
yo reconozco la forma de tus sueños
en esa playa solitaria y fantasmagórica
donde hacen el amor callados la noche y el alba.

LILITH

Like a mirror waiting
for the earth to fall asleep
to return it, cleansed, to the waters
of the sea that spreads between brow and brow

I take refuge in your eyes:
quietly, slowly, I approach
the hollow where a wounded deer weeps,
lost in the forest of your hair . . .

And although I cannot touch your soul
I know the shapes of your dreams
on that lonely, fantastic beach
where night and dawn make silent love.

JULIAN PALLEY

NOSTALGIA

Allí está el cielo: ahora veo.

Allí está el cielo abierto
esperando por lo mejor de mí.

Atrás quedan los padres
los amigos los consejos . . .

Los juguetes soñados en la infancia,
el árbol de los deseos,
la noche al fondo de la alberca,
el parque del primer beso . . .

Lo veo todo a la distancia
como un cuerpo que se despierta
al fondo de un paisaje.
Lo veo como si no fuera cierto.

Hemos venido a la vida
a despedirnos de todo lo que amamos,
de aquello que nos fue dado,
de todos los que queremos.

Pero justamente allí está el cielo.

NOSTALGIA

There is the sky. Now I can see it.

There is the open sky
waiting for the best I can give.

Left behind are parents,
friends, givers of advice . . .

The dream toys of childhood,
the tree of desire,
night in the depths of the pool,
the park that witnessed our first kiss . . .

I see it all in the distance
like a body that awakens
in a remote part of a landscape.
I look at it as if it were false.

We have arrived at life
by saying farewell to everything we've loved,
to that which was given,
to all those we love.

But there, at this moment, is the sky.

JULIAN PALLEY

EL OJO DEL HURACÁN

He aquí el tiempo de los cuerpos sutiles.
He aquí el espacio donde estos seres nacen, crecen y
    viven por siempre.
He aquí la luz que enciende estos sueños en la pantalla
    de la mente: la Bella Ausente y sus fieles
    vasallos.
Aquí donde el objeto más bello es el que aún no has
    visto.
Aquí donde los héroes acarrean agua del Vístula en sus
    ojos para depositarla al otro lado
    del mar.
Aquí donde el corazón escribe cosas maravillosas en la
    página en blanco del cielo, y sueña con el retorno
    dentro de un cristal de cuarzo.
Aquí donde se para el diálogo interior.
Aquí donde se equilibran las fuerzas y comienza el baile
    sin máscaras.
Aquí donde el flautista es un árbol que esconde a los
    cazadores de Uccello.
Aquí donde caen los muros y se abren paso los veleros
    de azúcar, las rosas blancas.
Aquí donde reinan los tronos ardientes, ladrillos, café y
    rosas quemadas, hay una bandera verde:
    ¡ciertamente hay esperanza!

EYE OF THE HURRICANE

Here we have time for subliminal bodies.
Here we have space where these bodies are born,
   grow and live forever.
Here we have light, which flashes these dreams on the
   mind's screen: Missing Beauty and her loyal
   subjects.
Here where the loveliest thing is what you haven't yet
   seen.
Here where heroes haul the Vistula's waters in their
   eyes only to pour back it back into the sea on the
   other side.
Here where the heart scribbles the marvelous on the
   sky's blank page, and dreams of coming back inside
   a quartz crystal.
Here where inner-dialogue ends.
Here where forces balance and the unmasked dance
   begins.
Here where the flutist is a tree that hides Uccello's
   hunters.
Here where walls tumble, where sugar sailboats and
   white roses give way.
Here where flaming thrones, bricks, coffee and
   scorched roses rule, a green banner proclaims:
   Surely there's hope!

Aquí donde el azul es "tan discretamente limpio que dan ganas de llorar," como diría Juan Mar.

Aquí donde las cortinas violetas se estremecen con el brillo agudo de una trompeta dorada.

Aquí donde la neblina levanta una flor de pétalos oscuros y construye con ellos una catedral.

Aquí donde la Bella Ausente prepara la mesa, el mantel blanco, los peces ambarinos y el agua de vida.

Aquí donde las bailarinas de Degas han dejado abandonado el escenario sólo para descubrir que allí, en medio de la penumbra estaba creciendo una turquesa.

Aquí donde los siete colores/rayos pactan un corazón de oro está el Paraíso recobrado. Recobrado por no buscarlo. Las posibilidades todas de una nación desnuda. Un tranvía llamado belleza.

Aquí podríamos detenernos pues ha sido creado un mundo. Entre lo absoluto y lo relativo: en el ojo del huracán.

Here where blue, as Juan Mar would say, is "so
   prudently pure it makes you want to cry."
Here where violet curtains quake with the angular
   glory of a golden trumpet.
Here where mist hoists a flower and, out of its dark
   petals, raises a cathedral.
Here where Missing Beauty sets her table with white
   linen, amber fish and the water of life.
Here where Degas's dancers leave the stage only to
   realize that there, at the penumbra's center, a
   turquoise was sprouting.
Here, where the seven colors/rays promise a heart of
   gold, Paradise is regained. Regained by not looking
   for it. Every possibility of a nation stripped naked.
   A streetcar named beauty.
Here we might as well stop, I mean, a world's been
   created. Between the absolute and relative: in the
   eye of the hurricane.

JAMES NOLAN

DESPUÉS DE LA OSCURIDAD

I

No sé
si éste es el principio
de un viaje sin fin
entre las formas del sueño

O es tan sólo
un cine en la penumbra
que nos propone una lección
al margen de las cosas

Ciudad perdida
ciudad a mil por hora
ciudad de siempre y cuando
ciudad en donde el viento es un rostro

Me observo reflejado
en tus espejos fugaces
que son ventanas entreabiertas
a las dimensiones del instante.

AFTER DARKNESS

I

I don't know
if this is the start
of an endless journey
among dream-shapes

Or if it's only
a penumbral movie theater
teaching us a thing or two
on the edge

Lost city
thousand-miles-an-hour city
seasonal unchanging city
wind-faced city

I notice myself reflected
in your fly-by-night mirrors,
windows partly opened
to fit the moment's width.

II

Pan y circo
en tus calles rectas como las espinas
de un fósil sin nombre
y sin el consuelo del eterno retorno

Bajo el influjo embriagador
de la oscuridad que reina
al filo de la rueda
provisional del tiempo

Las imágenes se borran
a la mitad de la película
plateada por las luces de mercurio
y los movimientos de la noche

Todo sale a relucir
como una luna de mampostería
sobre los tristes andamios
de un segundo sueño en construcción.

II

Bread and circus
in your streets straight as the spine
of some unidentified fossil
with no comforting eternal circles

Under the intoxicating influence
of the darkness that steers
the rim of the rolling
wheel of time

In the middle of the movie
the screen goes blank,
turns silver with mercurial lights
and night movements

Everything begins to glow
like a rough-hewn stone moon
rising over the sad scaffolding
of a second dream under construction.

III

Al ver tu hambre de fuego
tu violencia callejera
ascendiendo en espirales de humo
pienso en una cabellera de neón

Pienso después en una tregua
de fulgores y transfiguraciones
en una trompeta eléctrica
o un árbol de fiebre en el ocaso

Del cual quisiéramos cortar
el fruto largamente apetecido
de la luz y de la fuerza
concentrada en este torbellino

O este sol
encendido para ver
la pira inmensa del siglo
ardiendo en las pantallas del amor.

III

Whenever I see your burning hunger,
your mean streets
spiraling up in smoke,
I imagine long neon tresses

Then I imagine a truce
of glories and variations
on an electric trumpet
or a tree feverish in the sunset

from which we'd like to pluck
the lavishly tantalizing fruit
of all the light and horsepower
packed inside this cyclone

Or this sun
set on fire just to picture
the century's gigantic funeral pyre
blazing on the screens of love.

IV

Porque mi guía en este viaje
no ha sido otra sino tú
ciudad que flota sobre el agua
mujer de mi vida en un cuarto creciente

Mitad en la tierra feroz
mitad en la tierra feraz
entre el asombro de las luminarias
y los animales con alas de la infancia

Entre el paisaje dividido
por los alambres de poste a poste
y el paisaje pintado
con manos de colores recién hechos

Entre las torres de luz y sus respectivas sombras
allí donde cuentan las aves del pasado
y cantan las aves del futuro
sus historias paralelas.

IV

Because my guide for this journey
has been none other than you
city afloat on the water
my lady love in a waxing moon

Half in a brutal land
half in a fruitful land
between shock of flashing lights
and critters winged with childhood

Between a landscape slashed
by wire strung post to post
and a landscape hand-painted
with freshly mixed colors

Between towers of light and their shadows
there where birds of the past tell
and birds of the future trill
their stories side-by-side.

JAMES NOLAN

NOVIEMBRE EN LA ESCALERA

Hojas secas, botellas vacías,
rumor de *punks* en las celdillas de NoHo

Las abejas de lo nunca visto
sueldan sus sombras con la mirada

Encienden un cirio
entre las máquinas de pétalos abiertos

Y construyen un panal de bronce
con los restos oxidados del alba.

En cada hueco guardan celosamente
el registro de una voz inolvidable

Y envueltas en la neblina
desarman un reloj para la eternidad.

Un faro lee a la distancia
el palimpsesto de las apariciones

Mientras mi corazón respira
con los párpados cerrados

NOVEMBER IN THE STAIRWELL

Dry leaves, empty bottles,
punks mumbling in NoHo cells

The bees of freakiness
solder their shadows with a stare

Light a cathedral candle
among engines in full flower

And build a bronze hornet's nest
from the rusted remains of dawn.

In each cubbyhole they hover over
the record of a memorable voice

And shrouded in mist
they forever take a clock apart.

From far away a lighthouse
reads this ghostly palimpsest

While my heart exhales
behind closed eyelids

Y observo con atención precisa
la práctica preciosa del viento en la calle:

El ritmo en los aleros
                la caja de la aurora
                        la luz de la ventana
                                el árbol de escribir.

Nada se puede perder en esta vida
porque, después de todo,
¿quién se ha perdido en ella para siempre?

Entre la señal y el sueño,
entre la calma que llega y el dolor que se va

Vuelan los papeles sellados de Saint Marks
y un aliento sin rostro recorre la escalera . . .

La sirena se interna en la negrura
con la luna bajo el brazo

Y el sol no es más que una colilla
esperando a que acabe de pasar la oscuridad.

And I closely study the lovely
way wind moves down the street:

The rhythm of eaves
                box of daybreak
                                light in the window
                                                tree of writing.

In life you can't lose a thing
because, afterall,
who's ever been lost in life for good?

Between sign and dream,
between dawning calm and disappearing pain

Stamped letters flutter down St. Marks
and faceless breath sweeps the stairwell . . .

A siren pierces the gloom
with the moon under its arm

And the sun's just a stubbed-out cigarette
waiting for this darkness to finally pass.

JAMES NOLAN

LA MÚSICA EN LA EDAD DE HIERRO

Éste no es el viento de los sauces
ni el viento de los eucaliptos,
ni siquiera el viento que enciende las velas
y mueve lentamente los molinos.

No es el viento que desplaza las nubes
en el calendario del verano
ni el viento de la aurora
naciendo en las aves.

Hermanos, hermanas
ésta no es la canción del otoño
ni la canción de los amantes
haciendo el amor a la luz de la luna.

Éste no es el ritmo de los cristales de nieve
ni la danza alterna del día y la noche,
ni el pausado ritmo de tu respiración
y mi respiración . . . escucha:

Es la voz de las ciudades enfermas sin remedio
—las láminas, los dados, las varillas—
el ubicuo motor y el desconcierto
de una época que se disipa.

MUSIC IN THE AGE OF IRON

This isn't the wind in the willows
nor that of the eucalyptus
nor even the wind that brightens sails
and moves the slow windmills.

Nor is it the wind that propels clouds
in summer's calendar
nor the dawn's wind
rising with the birds.

Brothers, sisters
this is not the song of autumn
nor the sighing of lovers
who embrace in moonlight.

This isn't the song of snowflakes
nor the alternating dance of day and night,
nor the slow rhythm of your breath
and my breath . . . listen:

It is the voice of cities sick to death
—of steel sheets, rods, and blocks—
the ubiquitous motor and the discord
of an epoch that's falling apart.

Es el sonsonete trillado que en el Apocalipsis
encuentra un eco de la transformación:
El reino de la velocidad
y los signos cruzados del tiempo.

Es el estrépito insensato de la industria
—las fábricas mil veces explotadas—
rastros de herrumbre y gases insidiosos.
Las fábricas, no tú ni yo.

Fragor, fricción y bruma entre la maquinaria
—horrísono chirriar en esta edad vacía,
en este barril sin fondo—. Es el idioma
internacional de la usura.

La nueva lengua universal:
El esperanto de la infamia
—los alambres, los picos, las cadenas—.
La edad de hierro no reconoce otra voz.

Pero no puede prolongarse eternamente la caída
porque el ruido tiene límites . . . escucha:
Éste no es el viento de los sauces
ni el viento de los eucaliptos . . .

It is the trite humming that finds
an echo of change in the Apocalypse:
The kingdom of speed
and the crossed signs of time.

It is the insensate noise of industry
— the factories exploited past reckoning —
traces of rot and insidious gases.
The factories, not you or I.

Uproar, friction and mist amid the machinery
— hideous shriek of this empty age —
in this bottomless barrel. It is
the international tongue of usury.

The new universal tongue:
Esperanto of infamy
— wires, axes, chains —.
The age of iron knows no other voice.

But the descent can't go on forever
because even noise has its limits . . . listen:
This is not the wind in the willows
nor that of the eucalyptus . . .

JULIAN PALLEY

169

PLANTA

No tengo más de qué echar mano
que este palmo de tierra.

No tengo otra cosa qué hacer
que beber agua y buscar la luz.

Ocupo sólo el espacio que me toca,
por lo demás no me preocupo.

Una vida sin complicaciones
y un cuerpo a la medida, nada más.

PLANT

I have nothing more to work at
than this piece of earth.

I have nothing more to do
than drink water and find light.

I occupy only the space due me,
I don't worry about the rest.

A life without complications
and a body that fits, nothing more.

ROBERT L. JONES

EL RÍO DE LAS IMÁGENES

Nuestra mirada salta de una letra a otra, de una palabra
    a otra, de una frase a otra,
en este río de los años sin que el viento se decida a
    conservar unas pisadas en la arena,
sin que la rosa transparente se incline por una dirección
    en el inútil bosque de la mano,
sin que el otoño se ponga a deshojar todos y cada uno
    de los árboles hasta armar un libro.

Como si el dolor que se desprende del cielo no fuera
    una visión perfectamente azul,
como si la íntima caligrafía de los deseos tuviera
    mojadas las manos en tinta sangre,
como si el silencio avanzara a saltos cuánticos en la
    cámara de burbujas de la mente,
como si los frutos del tiempo no nos contaran su
    historia en cada semilla del instante.

Porque la vida traza un camino blanco más allá de los
    colores en la nieve caída,
en la plétora de luz que anida en cada copo
    delicuescente y en cada grano de arena,

RIVER OF IMAGES

Our eyes jump from one letter to another, from one
        word to another, from one phrase to another,
in this river of years without which the wind would
        decide to conserve footsteps in the sand,
without which the translucent rose would incline in one
        direction in the deep forest of the hand,
without which the autumn would strip the leaves from
        each and every tree in order to assemble a book.

As if the ache that climbs down from the sky were not
        a perfectly blue vision,
as if the intimate calligraphy of desire had washed its
        hands in inky blood,
as if silence advanced by quantum leaps in the mind's
        bubble chamber,
as if time's fruit didn't tell us its story in every
        moment's seed.

Because life traces a white road farther than the colors
        of fallen snow,
in the plethora of light that nestles in every melting
        snowflake and every grain of sand,

y unas gotas de oro no hacen más que recordarnos que
    sólo lo transitorio permanece
y que este río sin principio ni fin es nuestro único
    refugio: la imperfección es la cima.

and drops of gold do nothing more than remind us
        that only the transitory endures,
and that this river without beginning or end is our only
        refuge: imperfection is the peak.

JOSEPH PITKIN

PUNTO DE FUGA

Amanecer azul
cristales de hielo

Arboles dormidos
en su largo invierno

Sombras que son
cubos de lágrimas

Pestañas glaceadas
y pómulos rojos

cubos de madera
juguetes sencillos

Trenes de luna
o trenes de mármol

Mil veces más pequeños
que granos de azúcar

Ferrocarriles
extrañas consonantes

VANISHING POINT

Blue day break
panes of ice

Trees asleep
in their long winter

Shadows that are
pails of tears

Frosted lashes
red cheeks

Wooden pails
simple toys

Moon trains
or marble trains

A thousand times smaller
than grains of sugar

Railroads
strange consonants

Mil veces más grandes
que el ojo del sol

Locomotoras que pican
el silencio de las planicies

Mil veces más intensas
que las agujas en el alero

Allí donde la soledad
no deja de ser una palabra

Un vistoso cabuz
atado a la cola de la razón

Allí donde el amor
no deja de ser una palabra

La máquina que mueve
con vapor todos los carros

Traqueteando trojes
en su trillada simetría

Alargándose en la paralela
mudez de su elemento

A thousand times larger
than the eye of the sun

Locomotives piercing
the silence of the plains

A thousand times sharper
than needles in the eaves

There where solitude
is still a word

A bright caboose
tied to the tail of reason

There where love
is still a word

The engine steams
all the cars forward

Rattling barns
in hackneyed symmetry

Moving away in the mute
parallels of its element

Un tren de sílabas libres
en el alba silenciosa del papel

Con chispas que en la nieve
son como puntos suspensivos

Que a fuerza de pulir
la curvatura de los rieles

Siguen desplegando aún
paisajes de insólita belleza

Cuando canta la distancia
donde se disuelve el cielo

Y se juntan las vías
en el punto de fuga

A train of free syllables
in the silent dawn of paper

With sparks like suspension
points in the snow

Because they have polished
the curve of the rails

They still display
landscapes of uncommon beauty

When the distance sings
where the sky dissolves

And the tracks become one
at the vanishing point

EDITH GROSSMAN

BUENOS DESEOS

Se levanta el humo gris tras la ventana:
un sol oxidado disipa las últimas dudas.

    Quisiera dejar esta ciudad
    en busca de mejores aires.

El viento de la montaña
cierra las flores en las ramas
y algunos pétalos marchitos caen . . .

    Sólo eso —mejor aire—
    no la inmortalidad.

GOOD WISHES

The grey smoke rises from beyond the window:
a rusted sun dissipates the last doubts.

> I would like to leave this city
> in search of better air.

The wind from the mountain
closes the flowers on the boughs
and several withered petals fall . . .

> That's all—better air—
> not immortality.

ROBERT L. JONES

UN DÍA DE LLUVIA

El agua en el cristal
se mezcla con las luces;
las nubes llenan el vasto cielo.

Parece que a lo lejos
se quiere formar un arcoiris.

Me regocijo al ver
la minuciosa filigrana
de las gotas dispersas en el parabrisas.

Aunque no hace mucho frío
los vidrios comienzan a empañarse.

Me regocijo al escuchar
el ruido familiar que hacen las llantas
rodando sobre el pavimento.

¿Será éste el camino de regreso?
Algo me dice que sí . . . que voy a casa.

A DAY OF RAIN

The water on the glass
blends with the lights;
clouds fill the vast sky.

It looks, in the distance,
as though a rainbow is about to form.

I rejoice seeing
the minute filigree
of the drops scattered on the windshield.

Though it's not very cold,
the windows begin to fog.

I rejoice hearing
the familiar sound that tires make
rolling over pavement.

Can this be the way back?
Something tells me yes . . . that I'm headed home.

ROBERT L. JONES

EL POETA TIENE Y NO TIENE

No tiene la pobreza de Cristo
No tiene la velocidad del zen
No tiene la eficacia de la yoga
No tiene la compasión del budismo
No tiene la sofisticación del tao
No tiene la complejidad del hinduísmo
No tiene la solemnidad de los indígenas
No tiene el sentido del humor de los sufís

Tiene la pobreza de un burgués
Tiene la velocidad de un coraje
Tiene la eficacia de un mecánico
Tiene la compasión de una limosna
Tiene la sofisticación de un actor
Tiene la complejidad de un periódico
Tiene la solemnidad de una quinceañera
Tiene el sentido del humor de un tractor

THE POET DOES AND DOESN'T HAVE

He doesn't have the poverty of Christ
He doesn't have the speed of zen
He doesn't have the strength of yoga
He doesn't have the compassion of buddhism
He doesn't have the sophistication of tao
He doesn't have the complexity of hinduism
He doesn't have the solemnity of American Indians
He doesn't have the sense of humor of the sufis

He does have the poverty of a bourgeois
He does have the speed that comes from anger
He does have the strength of a mechanic
He does have the compassion of a begged coin
He does have the sophistication of an actor
He does have the complexity of a newspaper
He does have the solemnity of a fifteen-year-old
He does have the sense of humor of a tractor

ROBERT L. JONES

AJUSTE DE CUENTAS

Brota la burbuja mental
con todo y blancas nubes;
con una edad —30 años— el sol
y una mañana silenciosa.

Esta es la vida —me digo—
la de verdad, la única,
la eterna prometida.

Este carro que pasa
y estos perros que ladran . . .
la cortina translúcida
y el zumbido de un avión.

Así que ésta es la vida
—lo digo nuevamente—
como alguien que se vuelve real.

Como quien fluye en la corriente
y no regresa a su cuerpo.
Como el que se queda solo
de pie sobre su sombra.

SETTLING ACCOUNTS

The mind blows a bubble
with white clouds and everything else;
with my age—thirty—the sun
and a silent morning.

This is life—I say to myself—
real life, the only one,
the eternal promised life.

This car passing by
and the dogs barking . . .
The translucent curtain
and the droning of an airplane.

So this is life
—I say it again—
like someone who is becoming real.

Like someone who flows away in the current
and doesn't return to his body.
Like someone left alone
standing on his shadow.

REGINALD GIBBONS

TEORÍA DE LA RELATIVIDAD

Los problemas no se resuelven,
sólo van ocupando menos y menos espacio.
Los problemas son reales, pero son diminutos.
Los problemas no crecen,
lo que crece es la conciencia de ser,
la visión.

Los problemas cambian constantemente de forma.
La visión no; conserva siempre
la misma forma,
pero cambia de tamaño.

Por eso resulta correcto decir
que sólo el error cambia,
como también es cierto
que la visión es totalmente fluida,
y que allá afuera hay un viento terrible,
y que su capacidad de transformación es asombrosa.

THEORY OF RELATIVITY

Problems don't get resolved,
they just take up less and less space.
Problems are real, but they're tiny.
Problems do not grow,
what grows is consciousness of being,
vision.

Problems constantly change shape.
Vision doesn't; it always keeps
the same shape
but it changes size.

That's why it's correct to say
that only error changes,
as it's also true
that vision is totally fluid,
and outside there's a terrible wind,
and its capacity to transform is astonishing.

JOHN OLIVER SIMON

TEORÍA DE LA GRAVEDAD

Si voy por una carretera
subo y bajo, según la forma del terreno;
ya doy vuelta a la derecha,
ya a la izquierda.

Antes se decía:
si sube, es que es atraído por el cielo.
Si baja, es que es atraído por el infierno.
Si da la vuelta a la derecha
es porque disfruta de las ventajas del sistema.
Si da la vuelta a la izquierda
es porque ha comprendido
la función revolucionaria del proletariado.
Alguna explicación había que dar.

Hoy se dice:
no son las fuerzas de atracción
las que mantienen unidas
a la tierra y la luna,
a la tierra y el sol.

Es la forma del espacio,
no la atracción, ni la masa, ni la distancia.

THEORY OF GRAVITY

If I go along a road
I go uphill and downhill
according to the shape of the terrain.
I turn to the right,
then to the left.

They used to say:
if you go uphill, you're attracted to heaven.
If you go downhill, you're attracted to hell.
If you turn right
it's because you enjoy the privileges of the system.
If you turn left
it's because you have understood
the revolutionary function of the proletariat.
There had to be some explanation.

Now they say:
it's not forces of attraction
which maintain in orbit
the earth and the moon,
the earth and the sun.

It's the shape of space,
neither attraction, nor mass, nor distance.

Es la forma del espacio,
y no parece una explicación.

Es la forma del espacio,
nada más.

It's the shape of space,
which doesn't sound like an explanation.

It's the shape of space,
nothing more.

JOHN OLIVER SIMON

EL AUTOBÚS DESCOMPUESTO

Corría el invierno de 1965
y yo hacía mi primer viaje a la frontera;
iba a Los Angeles en un estrella blanca.

A la media noche del segundo día
el autobús se detuvo de pronto:
una falla mecánica
nos impedía seguir el viaje.

Tuvimos que bajar todos
a la mitad de ninguna parte.
Bajamos primero los jóvenes,
después fueron bajando los niños,
y hasta el final los viejos,
protestando por la falla,
cansados por el camino,
y hartos ya con el llanto
de un pequeño de brazos.
La joven madre lo calmó
dándole de comer de sus pechos
bajo las suaves estrellas.

Media hora más tarde bajó el acordeón
y después la ciega que lo tocaba.

THE BROKEN-DOWN BUS

It was the winter of 1965
when I made my first journey to the border:
I was going to Los Angeles in a White Star.

At midnight of the second day
the bus suddenly came to a halt:
some mechanical breakdown
prevented us from going on.

We all had to get out
in the middle of nowhere.
First the teen-agers climbed down,
then the children,
and finally the grown-ups,
complaining about the delay,
tired from the road,
and sick of the wailing
of a babe in arms.
The young mother calmed him
nursing him at her breasts
under the soft stars.

Half an hour later, out came the accordion
and then the blind woman who played it.

Un aroma exquisito recorría el campo,
y al poco tiempo todo se calmó.
Todos nos calmamos . . .
Quizá fue la primera vez en mi vida
que escuché a alguien cantar
una canción de los Beatles . . .

La impaciencia que se proyectaba sobre el chofer
fue cambiando poco a poco de signo
y terminó por transformarse radicalmente
cuando pasó por fin otro autobús
que se detuvo junto a la fogata.

Ambos choferes comprobaron
que el desorden era serio,
pero —como tantas otras cosas—
al fin y al cabo tenía compostura,
sólo que se llevaría un buen tiempo.

Como el otro autobús iba completamente lleno,
ninguno de nostros pudo transbordar,
y los vimos seguir su rumbo sin remedio:
el camión se internó en la negrura
hasta que sus luces se perdieron.
Todavía estuvimos escuchando
durante un largo rato
el ronroneo del motor
que se fue adelgazando entre los grillos . . .

An exquisite aroma pervaded the countryside
and soon everything was calm.
We all relaxed . . .
It might have been the first time in my life
I heard someone sing
a song by the Beatles . . .

The impatience projected onto the bus-driver
modified itself bit by bit
and ended up transformed radically
when another bus finally came by
and pulled up by our little fire.

Both drivers verified
that the damage was serious,
but—like so many other things—
when all was said and done it could be fixed,
it would just take plenty of time.

Since the other bus was completely full
none of us was able to transfer
and we had no choice but to see it on its way:
the bus went on into the blackness
until its lights were lost.
We still went on listening
for a long while
to the purr of the motor
thinning out among the crickets . . .

De pronto,
—instintivamente—
como respondiendo a una misma voz,
todos nos acercamos al autobús
a ver en qué podíamos ayudar.
Sin impaciencia, sin rencor,
—hasta con una chispa de contento—
comprendimos que si el viaje iba a continuar
teníamos que hacernos cargo de los desperfectos.

Todo esto fue lo que sentí
el día que supe que iba a ser padre.

Suddenly
—instinctively—
as if responding to one voice,
we all went up to our bus
to see how we could help.
Without impatience, without resentment
—even with a spark of happiness—
we understood that if the journey was to go on
we would all have to take responsibility for the problem.

All this was what I felt
the day I found out I was going to be a father.

JOHN OLIVER SIMON

LA LUNA DEL SEGUNDO NACIMIENTO

Los errores que hiciste en el primer intento
se pueden convertir en una bendición
                                        —*Joseph Beuys*

I

Cada vez que abandonas su cuerpo
crece la duda y extiende su sombra

Nada has de encontrar en esta tierra
que no hayas perdido ya en el sueño

Pues nada de lo que ves te ha sido dado
sin que vaya tu propia vida en prenda

Y no es más que un milagro tu estadía
en la cuenta sin cuenta de los tiempos

II

Porque toda sucesión no es sino canto
de ese instante glorioso en cada cuerpo

Donde dos almas anhelando el olvido
se transforman en un ángel de alas rotas

MOON OF THE SECOND BIRTH

The errors you made in your first endeavor
may be transformed into a blessing
—Joseph Beuys

I

Whenever you abandon her body
doubt grows, its shadow thickens

You will find nothing on this earth
that you haven't already lost in dreams

Because nothing you see has been given
without making your own life a hostage

And your sojourn is no less than a miracle
in the countless recounting of the ages

II

Because each passing moment is a song
in the glorious instant of the body

Where two souls seeking forgetfulness
become an angel with broken wings

Con los brazos inmersos en las nubes
semejantes a un barco transparente

Y las flores brotando de la nieve
como suaves pezones de sol sepia

III

Ha tocado la verdad de tus pupilas
con la leche inmediata del deseo

Pero tú has tocado con tus labios
los halos de la luna en sus oídos

Sin más entonación que la dulzura
que brota de esa grieta a medio cielo

Y rinde testimonio a su manera
convirtiendo el dolor en un deleite

IV

Constelaciones óptimas que circulan
en sus órbitas de clara geometría

Dando a luz impensables partituras
escritas para la carne y el hueso

With their arms immersed in clouds
like a transparent caravel

And flowers bursting from the snow
like soft nipples of a sepia sun

III

She has annointed the truth of your pupils
with the immediate milk of desire

But with your lips you have touched
the moonbred aureoles of her ears

Whose sole inflection is the sweetness
that bursts from that break in a half-sky

And gives testimony, in its way
changing pain into delight

IV

Perfect constellations that evolve
in their orbits of clear geometry

Spawning unimagined harmonies
written for flesh and bone

Piel de tigre estrellado en las alturas
piel de pantera en celo a ras de tierra

Mira el espacio abierto sin historia
y el centro de la vida en todas partes

Tiger's skin spangled in heaven
skin of panther in rut on earth

Behold space ripped open, without history
and the center of life found everywhere

JULIAN PALLEY

EL SALMO DE LA PIEDRA

A los Dioses del cielo y de la tierra
pedimos con toda el alma
que las piedras se conviertan en semillas
para que puedan dar a luz los campos
altos árboles cristalizados
con que construir nuestra segunda casa:
un nuevo nombre en esta vida,
un nuevo hogar en otra naturaleza.

Así estaremos a salvo de los vientos contrarios
y de las perversas opiniones de los demás
pero —y esto es lo más importante—
así estaremos a salvo de nosotros mismos:
de nuestra hambre de reconocimiento,
de nuestra sed de salvación.

Aprenderemos a escuchar con las manos
ese rumor callado con que las piedras sueñan
y que —sin proponérselo—
nos da la más profunda lección
de quietud y de entereza.

STONE PSALM

With all our hearts we beseech
the gods of heaven and earth
to turn stones into seeds
so that fields may sprout
tall crystalized trees
to build our second house with:
a new name in this life,
a new home in another cosmos.

So we'd be safe from hostile winds
and everybody else's cranky notions
and—most important—
so we'd be safe from ourselves:
from our craving for recognition,
our thirst for something to save us.

We'd learn to listen with our hands
to the hushed purl of dreaming stones
that—without meaning to—
could teach us the essence
of stillness and inner-presence.

Porque cada piedra es una sílaba
del inmenso nombre que entre todos deletreamos
y la creación no es más que una canción de amor
que brota de su corazón paciente.

No queremos ser más ni menos que las piedras:
eternamente a la espera sin espera
de nuestro propio espacio
y nuestra propia duración.

No es en vano que invocamos
el silencio perfecto de las piedras
en largas conversaciones con la noche:
materia y electrones zumbando
a tan altísimas frecuencias
que sólo la velocidad de la poesía
da para comprender semejante lenguaje.

Pero vale la pena hacer el esfuerzo
por alcanzar tal estado de vertiginosa quietud:
los fósiles del viento no tienen más cuerpo
ni las huellas del cataclismo
donde los Dioses escribieron sus nombres
con carbones encendidos
son más claras
ni son más antiguas
las primeras palabras que balbuceó la tierra.

Because each stone is a syllable
in the enormous name we all spell out
and creation is just a lovesong
spouting from its steady heart.

We want to be like stones,
no better or worse, forever waiting
without anticipating our own place
or how long we may last.

Talking for hours with night,
we don't invoke in vain
the absolute silence of stones:
matter and electrons zing by
at such supersonic frequencies
that only the speed of poetry
can interpret this sister tongue.

Yet it's worth the struggle
to reach such spinning stillness:
the wind's fossils are no more fleshy,
cataclysm's footprints
signed by the gods
with red-hot charcoals
are no clearer,
and the earth's first stammered words
are no older.

Y así como no hay dos piedras del mismo color,
la misma forma, la misma textura y el mismo peso,
no es posible encontrar dos piedras con la misma voz.
Hay que llamar a cada una por su nombre
secreto, recóndito, intransferible . . .
un nombre tan apartado
del corazón de los hombres
que se diría — casi — inexistente.

Pero existe: basta con tocar a una piedra
para sentir cómo todo en ella despierta
al íntimo llamado del calor
y al ritmo primigenio de la sangre.
Su amor es y no es de este mundo.
Sus buenas obras
caen por su propio peso.
Es su pobreza la que opera el milagro.

El fuego que alienta en cada piedra
es un sol de ceniza
que tiene millones de años dormido.
A donde quiera que va la piedra va su casa,
su cuerpo, su sombra y su luna interior.

And just as no two stones share
the same color, texture or weight,
no two stones speak in the same voice.
Each must be beckoned by its own
private, secret, unique name . . .
one so apart
from people's hearts
you could almost say it doesn't exist.

But it does: enough to finger a stone
to feel how everything inside it
comes alive to warmth's familar call
and blood's ancestral sway.
Its love is worldly—and it isn't.
Its grand works collapse
of their own weight.
The miracle is in its poverty.

The fire breathing within each stone
is an ashen sun
asleep for millions of years.
Wherever the stone would go
there goes its house, body,
shadow—and moon inside.

Todo es tan sencillo con las piedras . . .
no tenemos que desperdiciar energía
tratando de explicarnos . . .
ellas nos comprenden sin necesidad de palabras.

Porque no hay mejor compañía
en una larga noche de insomnio
que una dulce piedra dormida en la palma de la mano.

No hay mejor remedio
para la melancolía de los suicidas
que una piedra preciosa atada al cuello.

No hay mejor aliado
en una batalla crucial
que una piedra dispuesta a todo.

No hay mejor refugio
para nosotros, los seres humanos extraviados,
que una piedra para volver a casa.

With stones, it's all so easy . . .
we don't have to waste any energy
trying to explain ourselves . . .
they understand us tacitly.

Because there's no better company
during a long sleepless night
than a gentle stone napping in your palm.

There's no better cure
for suicidal depression
than a precious stone tied around your neck.

There's no better ally
in a life-or-death battle
than a ready and willing stone.

And for us, humans gone astray,
there's no better resting place
than a stone to lead us home.

JAMES NOLAN

Alberto Blanco

Alberto Blanco, in addition to being one of the most recognized contemporary Latin American poets, is also an essayist, translator, musician, and visual artist.

Born in Mexico City in 1951, Blanco studied chemistry and philosophy and earned a Master's degree in Asian Studies, specializing in China. First published in 1970, Blanco's literary work is varied and abundant. He has published twenty-seven books of poetry in Mexico and another ten in other countries. Also, ten books of his translations of the work of other poets and some favorites for children, which have been illustrated—most of them—with his wife, Patricia Revah's textiles. His work has been translated into more than twenty languages.

Beyond his contributions to the literary field, Blanco has also played an important role in the visual arts. He has worked with painters, sculptors, and photographers, and his essays regarding the visual arts have been published in many catalogs and journals, and collected into two volumes. A well-respected artist in his own right, his paintings have been exhibited in national galleries. His collages have been published in numerous journals, and his artist's books intertwine poetry and line.

Blanco is also a musician: composer, singer and keyboard player in the rock and jazz groups *La Comuna* and *Las Plumas Atómicas.*

Alberto Blanco currently resides in Mexico City.

Juvenal Acosta

Juvenal Acosta is an award-winning poet and translator. The author of five collections of poetry, his work has been published in both Mexico and the United States. He is the editor of *Light From A Nearby Window: Contemporary Mexican Poetry* (City Lights, 1994), and author of the novels *The Tattoo Hunter* and *The Violence of Velvet*. Acosta has published three books in collaboration with artists: *Paper of Live Flesh* and *Tango of the Scar* (both limited edition artist books) and *Tauromaquia* (an essay on bullfighting). He has also translated the work of contemporary American poets into Spanish, including Jack Kerouac, Michael McClure, Jack Spicer, and Charles Bukowski. Born in Mexico City in 1961, he currently resides in the Bay Area.